KÖNIGS ERLÄUTERUNGEN

Band 406

Textanalyse und Interpretation zu

Frank Wedekind

FRÜHLINGS ERWACHEN

Thomas Möbius

Alle erforderlichen Infos für Abitur, Matura, Klausur und Referat plus Musteraufgaben mit Lösungsansätzen

Bange Verlag

Zitierte Ausgabe:
Wedekind, Frank: *Frühlings Erwachen. Eine Kindertragödie.* Husum/Nordsee: Hamburger Lesehefte Verlag 2011 (= Hamburger Leseheft Nr. 173, Heftbearbeitung: Elke und Uwe Lehmann). Zitatverweise sind mit **HL** gekennzeichnet.
Wedekind, Frank: *Frühlings Erwachen. Eine Kindertragödie.* Stuttgart: Reclam, durchgesehene Ausgabe 2000 (= Reclams Universal-Bibliothek Nr. 7951). Zitatverweise sind mit **R** gekennzeichnet.

Über den Autor dieser Erläuterung:
Prof. Dr. phil. habil. Thomas Möbius, Studium der Germanistik/ev. Theologie/Philosophie, Studienrat an einem Gymnasium in Mannheim und an der *German European School* in Singapur, Akademischer Oberrat an der Pädagogischen Hochschule Heidelberg, nach Professuren in Freiburg, Osnabrück, Greifswald und Aachen Professor für Germanistische Literaturwissenschaft und Literaturdidaktik an der Justus-Liebig-Universität Gießen.

6. Auflage 2020
ISBN 978-3-8044-1959-9
PDF: 978-38044-5959-5, EPUB: 978-3-8044-6959-4

Titelbild: Constanze Wächter, Wilson G. Ochsenknecht und Leon Pfannenmüller im TV-Film *Frühlings Erwachen*, BRD 2009
© Cinetext/Metodi Popow
Druck und Weiterverarbeitung: Tiskárna Akcent, Vimperk

1. DAS WICHTIGSTE AUF EINEN BLICK – SCHNELLÜBERSICHT

Damit sich jeder Leser in unserem Band rasch zurechtfindet und das für ihn Interessante gleich entdeckt, hier eine Übersicht.

Im 2. Kapitel beschreiben wir Wedekinds Leben und stellen den zeitgeschichtlichen Hintergrund dar:

⇨ S. 9 ff.

→ Wedekind lebte von 1864–1918 in verschiedenen Städten und Ländern, u. a. in Hannover, Berlin, München, Aarau und Lausanne.

⇨ S. 12 ff.

→ Die Zeit war geistesgeschichtlich geprägt durch die Jahrhundertwende mit ihren z. T. ganz unterschiedlichen philosophisch-ästhetischen Strömungen, politisch herrschte das absolutistische System des wilhelminischen Kaiserreichs vor.

⇨ S. 17 ff.

→ *Frühlings Erwachen* wurde 1891 fertiggestellt, durfte aber erst 1906 aufgeführt werden; im Drama lassen sich zahlreiche Parallelen zu anderen Werken Wedekinds nachweisen.

Im 3. Kapitel bieten wir eine Textanalyse und -interpretation.

Frühlings Erwachen – Entstehung und Quellen:

⇨ S. 21 ff.

Die das Drama bestimmenden Themen „Schule“ und „Sexualität“ gehören zu den Themen, die im Werk Wedekinds immer wieder auftauchen, biografischer Anknüpfungspunkt war wohl der Selbstmord eines Mitschülers im Jahre 1891. Das Drama enthält Anspielungen auf das Alte Testament, Goethes *Faust*, Shakespeares *Othello* und Büchners *Woyzeck*.

Lebensbejahung

Inhalt:

Das Drama *Frühlings Erwachen* lässt sich als eine Art „Adoleszenzdrama" bezeichnen, das typische Probleme dieser Lebensphase thematisiert: Moritz wird nicht versetzt und begeht aus diesem Grund Selbstmord, Wendlas Suche nach ihrer eigenen Sexualität mündet in eine ungewollte Schwangerschaft und in ihren Tod beim Versuch der Abtreibung. Melchior wird in ein Erziehungsheim gebracht, wo er weitere Spielarten von Sexualität erlebt; das Eingreifen eines „vermummten Herrn" am Ende des Stücks ermöglicht sein Weiterleben und öffnet damit den Raum für eine Konfliktlösung. ⇨ S. 28 ff.

Chronologie und Schauplätze:

Der Handlungszeitraum erstreckt sich vom 5. Mai 1892 bis kurz nach dem 27. Oktober 1892. ⇨ S. 42

Personen:

Die Hauptpersonen sind

Moritz Stiefel: ⇨ S. 49 ff.

→ mutlos-labil, von Minderwertigkeitsgefühlen beherrscht
→ schwacher Schüler

Melchior Gabor: ⇨ S. 52 ff.

→ wacher, kritischer Verstand
→ sensibel und selbstkritisch

Wendla Bergmann: ⇨ S. 54 ff.

→ Spannung zwischen Freiheitswillen und Bindung an Mutter
→ Neigung zu Masochismus

➪ S. 56 ff.

Frau Bergmann: Mutter von Wendla
→ körper- und sexualfeindliche Grundeinstellung
→ nicht lernfähig

➪ S. 58 ff.

Frau Gabor: Mutter von Melchior
→ liberale, menschenfreundliche Grundeinstellung

➪ S. 60 ff.

Dazu kommen Episodenfiguren wie Gymnasialprofessoren, Pastor Kahlbauch, der vermummte Herr, Ilse und Hänschen Rilow.

Wir stellen diese Hauptfiguren und die Nebenfiguren ausführlich vor.

Stil und Sprache:

➪ S. 67 ff.

Stil und Sprache werden durch die Alltagssprache und den Verzicht auf eine poetische Kunstsprache geprägt. Die Wortwahl ist durch zahlreiche Anspielungen auf andere literarische Werke geprägt.

Drei Interpretationsansätze bieten sich an:

➪ S. 85 ff.

Frühlings Erwachen ist
→ ein Werk, das bürgerliche Moralvorstellungen kritisiert (gesellschaftskritisch),
→ ein Werk, das innerseelische Vorgänge auf die Bühne bringt (psychologisch),
→ ein typisches Jugendstildrama (philosophisch-poetologisch).

2. FRANK WEDEKIND: LEBEN UND WERK

2.1 Biografie

Frank Wedekind 1864–1918 © Richter/ Cinetext

JAHR	ORT	EREIGNIS	ALTER
1864	Hannover	**Geburt** als Benjamin Franklin (Frank) Wedekind **am 24. 07.** als zweites von sechs Kindern der Eheleute Dr. med. Friedrich Wilhelm Wedekind (1816–1888) und Emilie Wedekind, geb. Kammerer (1840–1916)	
1872	Lenzburg/ Schweiz	Erwerb des Schlosses Lenzburg im Schweizer Kanton Aargau durch den Vater, **Übersiedlung in die Schweiz** Erste philosophische und literarische Versuche	8
1883	Aarau/ Schweiz	**Abitur** am kantonalen Gymnasium	19
1884	Lausanne München	Sommersemester: Immatrikulation in Germanistik und Romanistik Wintersemester: Auf Wunsch des Vaters Beginn eines Jura-Studiums	20
1886	Kempttal b. Zürich	Bruch mit dem Vater wegen Abbruch des Jura-Studiums Ab November: Leiter des Reklame- und Pressebüros des Firma Maggi	22
1887	Zürich	April: Auflösung des Arbeitsvertrages bei der Firma Maggi Beiträge für die *Neue Zürcher Zeitung* Kontakt mit dem Kreis „Jüngstdeutscher Schriftsteller“ Drama ***Elins Erweckung***	23
1888	Lenzburg/ Schweiz England/ Südfrankreich	**Tod des Vaters** Sekretär des Zirkus „Herzog“ Reise durch England und Südfrankreich zusammen mit dem Maler, Clown und Tenor Willy Morgensstern (Rudinoff) **Kontakt zu Naturalisten**	24

2.1 Biografie

JAHR	ORT	EREIGNIS	ALTER
1889	Berlin/ München	Versuch, sich in Berlin dauerhaft niederzulassen, scheitert an seiner amerikanischen Staatsbürgerschaft. Kontakte zum **Friedrichshagener Kreis** in Berlin und zum **Naturalismus-Kreis** in München	25
1890	München	**Beginn der Arbeit an *Frühlings Erwachen***	26
1891	München/ Paris	**Ostern: Abschluss von *Frühlings Erwachen*** Beitritt zu literarischen Zirkeln wie **„Das junge Deutschland"** und **„Gesellschaft für modernes Leben"** Intensive Beschäftigung mit der Philosophie Friedrich Nietzsches und Arthur Schopenhauers	26
1895	München	Drama ***Der Erdgeist*** (1. Teil von *Die Büchse der Pandora*)	30
1896	München	Regelmäßige **Veröffentlichungen im *Simplicissimus***	31
1897	München	Geburt des Sohnes Friedrich Strindberg Wedekind aus der Verbindung mit Frida Strindberg *Die Fürstin Russalka* (Prosa- und Lyriksammlung) *Der Kammersänger*	32
1898	Leipzig	Sekretär, Schauspieler und Regisseur des Ibsen-Theaters Uraufführung des ersten Dramas *Der Erdgeist* **Flucht** nach Zürich und Paris wegen eines im *Simplicissimus* veröffentlichten satirischen Gedichtes auf Wilhelm II.	33
1899	Burg Königstein/ Sächsische Schweiz	Rückkehr nach Deutschland, **Untersuchungshaft** und **Festungshaft** (6 Monate, bis 03. 02. 1900) Drama *Der Marquis von Keith*	35
1900	München	Schauspielunterricht bei Fritz Basil Beginn der Arbeit als freier Dramatiker und Lyriker mit regelmäßigen Publikationen	36

JAHR	ORT	EREIGNIS	ALTER
1901	München	Geburt des Sohnes Frank Zellner-Wedekind aus der Verbindung mit Hildegard Zellner Gründungsmitglied des **Münchner Kabaretts „Die Elf Scharfrichter“**	37
1904	Berlin	*Die Büchse der Pandora* wird von der Zensur beschlagnahmt **(Vorwurf: Verbreitung unzüchtigen Schriftguts)**	40
1906	Berlin	Feb./März: **Freispruch** vom Vorwurf der Verbreitung unzüchtiger Schriften, Restauflage der *Pandora* wird vernichtet 01. 05.: Heirat von Tilly Newes (1886–1970) und Frank Wedekind **20. 11.: Uraufführung von *Frühlings Erwachen* (unter starken Zensurauflagen)**	42
1907	Berlin	Drama *Die Zensur*	43
1908	Berlin/ München	Übersiedlung nach München Drama *Die junge Welt*	44
1911	München	Geburt der Tochter Kadidja	47
1912	Berlin	**Aufhebung des Aufführungsverbotes für *Frühlings Erwachen*** [1]	48
1914	München	Erste von vier Blinddarm- bzw. Bruchoperationen (bis 1918)	50
1915	Deutschland	Nach Kriegsbeginn werden zahlreiche Werke Wedekinds von der Zensur für unerwünscht erklärt.	51
1916	Lenzburg/ Schweiz	Tod der Mutter	52
1918	München	**Tod am 09. 03.** infolge von Herzschwäche und Lungenentzündung nach einer Bruchoperation am 02. 03.	53

1 Vgl. Materialienteil, S. 95.

2.2 Zeitgeschichtlicher Hintergrund

ZUSAMMEN-FASSUNG

Wichtig um 1900:

- → autoritäres wilhelminisches Kaiserreich bestimmt alle gesellschaftlichen Lebensbereiche;
- → konservative bürgerliche Moralvorstellung dominiert Familienstrukturen;
- → Wirtschaftsaufschwung, erste Sozialgesetzgebung unter Reichskanzler Bismarck;
- → imperialistische Kolonialpolitik, Aufrüstung, Konflikte mit Nachbarländern führen zum Ersten Weltkrieg.

Wedekinds Lebensspanne umfasst recht genau die Dauer des deutschen Kaiserreiches. In der folgenden Übersicht werden die wichtigsten historischen Daten von 1870–1918 daher in Verbindung mit dem Lebensalter des Dichters aufgeführt.

JAHR	HISTORISCHES EREIGNIS	LEBENSALTER WEDEKINDS
1866	Bildung des Norddeutschen Bundes unter Führung Preußens	2
1866–1873	wirtschaftlicher Aufschwung („Gründerzeit")	2–9
1870/1871	Deutsch-Französischer Krieg	6/7
1871	Proklamation Wilhelms I. als deutscher Kaiser	7
1871	„Kanzelparagraph" verbietet politische Einmischung des Klerus.	7

JAHR	HISTORISCHES EREIGNIS	LEBENSALTER WEDEKINDS
1872–1900	Vereinheitlichung des Rechts und der Wirtschaft auf liberaler Grundlage: Strafgesetzbuch (1872), Maß-, Gewichts- und Münzgesetze (1873), einheitliche Rechtspflege (bis 1879), Bürgerliches Gesetzbuch (1900)	8–36
1872	Schulaufsichtsgesetz (staatliche statt kirchliche Aufsicht)	8
1873	Wirtschaftskrise nach Wiener Börsenkrach	9
1874	Zivilehe-Gesetz: Eheschließung nur vor staatlichen Institutionen gültig	10
1878	Sozialistengesetz: Verbot der Parteipresse und der Parteiorganisation	14
1879	Bismarck'sches Schutzzollsystem	15
1882	Beginn imperialistischer Kolonialpolitik	18
1883	Sozialgesetzgebung: Kranken- (1883), Unfall- und Altersversicherung (1884), Invalidenversicherung (1889)	19
1888	Wilhelm II. als deutscher Kaiser	24
1890	Entlassung Bismarcks Aufhebung der Sozialistengesetze Aufstieg Deutschlands zur stärksten europäischen Industrienation	26 (*Frühlings Erwachen*)
1891–1894	Zollsenkungspolitik	27–30
1893	Heeresverstärkung	29
1898	Flottenbauprogramm	34
1908	Belastung des deutsch-britischen Verhältnisses durch die „Daily-Telegraph-Affäre"	44
1913	Heeresverstärkung auf 780 000 Mann	49

JAHR	HISTORISCHES EREIGNIS	LEBENSALTER WEDEKINDS
1914	Julikrise nach Ermordung des österreichischen Thronfolgers Franz Ferdinand in Sarajewo	50
1914–1918	Erster Weltkrieg	50–53 (Tod)

Industrialisierung, Gründerzeit, Wilhelminisches Zeitalter

Industrialisierung

Die **zweite Hälfte des 19. Jahrhunderts** bringt für Europa und insbesondere für Deutschland in politischer, wirtschaftlicher und kultureller Hinsicht **große Veränderungen** mit sich. Seit 1850 führt die zunehmende **Industrialisierung** zu hohen Wachstumsraten in der Montanindustrie; der technische und wissenschaftliche Fortschritt hat **Rationalisierungen** und **Produktivitätssteigerungen** zur Folge. Der **Arbeitsmarkt erlebt eine Umstrukturierung**: Immer mehr Menschen drängen vom Land in die Städte, das industrielle Proletariat bildet sich neben dem wirtschaftlich mächtigen, aber unpolitischen Großbürgertum heraus.

Gründerzeit

Nach dem Deutsch-Französischen Krieg (1870/71) und der Proklamation des Kaiserreiches wird Wilhelm I. deutscher Kaiser. Die erfolgreichen **Hegemonialkriege** gegen Dänemark, Österreich und Frankreich bescheren dem Deutschen Reich von **1866–1873** einen enormen wirtschaftlichen Aufschwung; diese Phase wird auch als **„Gründerzeit"** bezeichnet. Die durch Überproduktion ausgelöste **Wirtschaftskrise im Herbst 1873** leitet eine Periode verlangsamten Wachstums ein, nach Überwindung der Krise ist eine Tendenz zur **Konzentration der Industrie** festzustellen.

Wilhelminisches Zeitalter

1888 kommt **Wilhelm II.** an die Macht, der Bismarck 1890 wegen politischer Differenzen entlässt. Von 1890 an betreibt Wilhelm nach außen eine imperialistische Machtpolitik, die mit dem Ausbruch des Ersten Weltkrieges 1914 ihren Höhepunkt findet. Nach innen herrscht er als **autoritärer Monarch**. Hans-Ulrich Wehler erkennt in der wilhelminischen **Gesellschaft** eine Struktur, die von **autoritären Leitbildern und Verhaltensweisen** geprägt ist; die autoritären Strukturen in den **Familien** wirken **als „Verstärker" der gesellschaftlichen Leitbilder.**[2]

Die Institution Schule im Kaiserreich

Bereich der Schule

Die Umwälzungen im industriellen Bereich und das autoritäre politische Systems bleiben nicht ohne Folge für den Bereich der Schule: In der Frühphase der Industrialisierung ist Kinderarbeit noch üblich, am Ende des Jahrhunderts wird der Wert höherer Ausbildung für den Start einer erfolgreichen bürgerlichen Berufskarriere erkannt. **Neue Schulformen wie Realschule und Realgymnasium**, die den **Anforderungen der Wirtschaft** entsprechen, treten in Konkurrenz zu dem humanistischen Gymnasium Humboldt'scher Prägung. **Bürgerliches Leistungsdenken** reicht bis weit in die Schule hinein und verstärkt den **Druck auf die Schüler**, die nach **Idealbildern bürgerlichen Prestiges und bürgerlicher Moralvorstellungen** denken lernen sollen. Wilhelm II. erklärt darüber hinaus die **Schule** zu einer Institution, in der sozialdemokratisches Gedankengut nichts verloren habe; sie gilt somit als eine staatstragende **Keimzelle der Monarchie**.

Bürgerliche Moral und bürgerliches Leistungsdenken werden zusammen mit der autoritären Gesellschaftsstruktur in den literarischen Texten, die in der zweiten Hälfte des 19. Jahrhunderts spielen, zumeist in negativer Zeichnung wiedergegeben; Beispiele dafür sind z. B. Hermann Hesses *Unterm Rad*, Robert Musils *Törleß*, Arno Holz' und Johannes Schlafs *Der erste Schultag*.

---

2 Vgl. Materialienteil, S. 96 ff.

Schule als Instrument zur Aufrechterhaltung der Autorität

Die **Schule** gilt dem Staat – so beschreibt es Stefan Zweig in seiner Autobiografie – als ein **Instrument zur Aufrechterhaltung der Autorität.**[3] In der gleichen Weise wird das Schulsystem in Heinrich Manns satirischem Roman *Der Untertan*, der in derselben Zeit wie *Frühlings Erwachen* spielt, beschrieben. Vom Romanhelden Diederich Heßling, der gerade eingeschult worden ist, wird gesagt:

> „Denn Diederich war so beschaffen, dass die Zugehörigkeit zu einem unpersönlichen Ganzen, zu diesem unerbittlichen, menschenverachtenden, maschinellen Organismus, der das Gymnasium war, ihn beglückte, dass die kalte Macht, an der er selbst, wenn auch nur leidend, teilhatte, sein Stolz war. Am Geburtstag des Ordinarius bekränzte man Katheder und Tafel. Diederich umwand sogar den Rohrstock."[4]

Repressive Sexualethik

Einen Bestandteil der den Schülern vermittelten bürgerlichen Moralvorstellung der wilhelminischen Zeit stellt neben dem Leistungsgedanken auch die **repressive Sexualethik** dar, die Stefan Zweig in *Die Welt von gestern* in treffender Weise so beschreibt:

> „Aber das ganze neunzehnte Jahrhundert war redlich in dem Wahn befangen, man könne mit rationalistischer Vernunft alle Konflikte lösen, und je mehr man das Nützliche verstecke, desto mehr temperiere man seine anarchischen Kräfte; wenn man also junge Leute durch nichts über ihr Vorhandensein aufkläre, würden sie ihre eigene Sexualität vergessen."[5]

---

3 Vgl. Materialienteil, S. 96.
4 *Der Untertan*, S. 8 f.
5 *Die Welt von gestern*, S. 88; vgl. Materialienteil, S. 97.

2.3 Angaben und Erläuterungen zu wesentlichen Werken

1887	1891	1895	1897	1899	1901
Elins Erweckung (Dramenfragment)	***Frühlings Erwachen*** (Drama)	*Erdgeist* (Drama)	*Die Fürstin Russalka* (Erzählung)	*Der Kammersänger* (Drama)	*Schloß Wetterstein* (Drama) *Mine Haha oder über die körperliche Erziehung der jungen Mädchen* (Erzählung) *Der Marquis von Keith* (Drama)

1902	1904	1905	1906	1908	1920
Die Büchse der Pandora (Drama) *So ist das Leben* (Drama)	*Hiddala oder Sein und Haben* (Drama)	*Die vier Jahreszeiten* (Gedichte)	*Totentanz* (Drama) *Feuerwerk* (Erzählung)	*Musik* (Drama)	*Lautenlieder* (Gedichte)

Grundthemen: Schule und Sexualität

Die in *Frühlings Erwachen* gestalteten Bereiche **„Schule"** und **„Sexualität"** gehören zu den das Werk Wedekinds durchziehenden **Grundthemen**. Schon im dramatischen Fragment *Elins Erweckung* (1887) findet sich diese Motivik aus *Frühlings Erwachen*: Melchior und Moritz sind in dem Theologiestudenten Elias und dem Medizinstudenten Oskar vorgebildet, die vom Bettler Schigolch als Dirne erzogene Ella prägt die spätere Figur der Ilse. In dem frühen Gedicht *Santa Simplicitas* (1883 verfasst) gestaltet Wedekind in satirischer Sichtweise ein **kritisches Bild der Schule**; biografischer **Anknüpfungspunkt** ist der **Selbstmord seines Mitschülers Frank Oberlin im Jahre 1881**.

Das Thema „Sexualität", das in *Frühlings Erwachen* zum Ausdruck der Kritik an der herrschenden, **als menschenfeindlich erachteten bürgerlichen Moral** steht, lässt sich in zahlreichen anderen Werken Wedekinds auffinden. Zwei Beispiele von vielen sind die in der Sammlung *Die vier Jahreszeiten* im Jahre 1905 erschienenen Gedichte *Francisca* und *Elka.*[6] Die Namen Ilse und Wendla finden sich im selben Sammelband als Gedichtüberschriften. Beide Gedichte haben die mit den Namen verbundene Motivik aus *Frühlings Erwachen* aufgenommen: Ilse steht für das die körperliche Liebe genießende Mädchen, Wendla verkörpert die leidvollen Konsequenzen der Liebe in der ungewollten Schwangerschaft.

Ilse (1905)

Ich war ein Kind von fünfzehn Jahren,
Ein reines unschuldsvolles Kind,
Als ich zum erstenmal erfahren,
Wie süß der Liebe Freuden sind.

Er nahm mich um den Leib und lachte
Und flüsterte: O welch ein Glück!
Und dabei bog er sachte, sachte
Den Kopf mir auf das Pfühl zurück.
Seit jenem Tag lieb ich sie alle,

Des Lebens schönster Lenz ist mein;
Und wenn ich keinem mehr gefalle,
Dann will ich gern begraben sein.[7]

Wendla (1905)

Sieh die taufrische Maid,
Erst eben erblüht;

---

6 Vgl. Materialienteil, S. 98 ff.
7 *Werke II*, S. 404.

Durch ihr knappkurzes Kleid
Der Morgenwind zieht.

Wie schreitet sie rüstig,
Jubiliert und frohlockt,
Und ahnt nicht, wer listig
Unterm Taxusbusch hockt.
Der allerfrechste Weidmann

Im ganzen Revier,
Er tut ihr ein Leid an
In frevler Jagdbegier.
In einem langen Kleide
Geht sie nun bald einher,

Sinnt vergangener Zeiten
Und jubelt nicht mehr.[8]

Kritik an bürgerlicher Moral

Wie ein roter Faden läuft die Kritik an als menschenfeindlich empfundenen bürgerlichen Moralvorstellungen durch die frühen Dramen Wedekinds. In dem auf *Frühlings Erwachen* folgenden *Erdgeist* (1895) und in der Fortsetzung, der *Büchse der Pandora* (1902), steht die ganz von ihrer Natur, von ihren sexuellen Trieben gesteuerte Lulu im Vordergrund. Ihre Figur ist für Wedekind der Ansatzpunkt seiner **Kritik an der als verlogen erachteten gesellschaftlichen Moral**.

Die 1901 entstandene Erzählung *Mine-Haha oder über die körperliche Erziehung der jungen Mädchen* ist die fiktive Reaktion einer

8 *Werke II*, S. 405.

Leserin namens Hidalla auf die Lektüre von *Frühlings Erwachen*. Im Zentrum der Erzählung steht die Kritik an einer Erziehung, die natürliche sexuelle Gefühle aus dem Leben des Menschen verdrängt. Wedekind entwickelt darin seine **utopische Vorstellung** von einer besseren Welt, in der die **Erziehung auf die Bedürfnisse der jungen Menschen eingeht**. In dem 1904 erschienenen Drama *Hiddala oder Sein und Haben* gelingt Wedekind schließlich die **Abkehr von den erotisch-pädagogischen Ideen** früherer Werke, indem er sie mit **Neurotisch-Wahnhaftem** in Beziehung setzt.

3. TEXTANALYSE UND -INTERPRETATION

3.1 Entstehung und Quellen

ZUSAMMEN-FASSUNG

- Entstehung 1890/1891, erste Buchpublikation Wedekinds;
- Wedekind gestaltete Adoleszenzproblematik bereits in früheren Werken (*Elins Erweckung*) und führt sie später fort (*Mine-Haha*);
- „Kindertragödie" als innovative Gattungsbezeichnung;
- zahlreiche intertextuelle Anspielungen auf Goethes *Faust*, Büchners *Woyzeck*, Shakespeares *Othello* und das Alte Testament.

Lebensbejahende Motivik

Frank Wedekind arbeitete von **Herbst 1890 bis Ostern 1891** in München an *Frühlings Erwachen*, 1891 erschien es – zunächst kaum beachtet – als seine **erste Buchpublikation**. Das **Titelbild** der Erstausgabe, das **Franz Stuck** nach den Vorgaben Wedekinds gezeichnet hat, ist **voller lebensbejahender Motivik**: Es zeigt eine Wiese mit Blumen und einen knospenden Baum, auf dem Schwalben sitzen.

Das Titelbild weist auf die **Heiterkeit** hin, die Wedekind in seinem Drama enthalten wissen will; außerdem habe er – die Einflüsse auf sein Werk in *Was ich mir dabei dachte* (1911) beleuchtend – eigene biografische Erfahrungen verarbeitet:

> „Ich begann zu schreiben ohne irgendeinen Plan, mit der Absicht zu schreiben, was mir Vergnügen macht. Der Plan entstand nach der dritten Szene und setzte sich aus persönlichen Erlebnissen

Titelbild der Erstausgabe 1891

oder Erlebnissen meiner Schulkameraden zusammen. Fast jede Szene entspricht einem wirklichen Vorgang. Sogar die Worte: ‚Der Junge war nicht von mir', die man mir als krasse Übertreibung vorgeworfen, fielen in Wirklichkeit.

Während der Arbeit bildete ich mir etwas darauf ein, in keiner Szene, sei sie noch so ernst, den Humor zu verlieren. Bis zur Aufführung durch Reinhardt galt das Stück als reine Pornografie. Jetzt hat man sich dazu aufgerafft, es als trockenste Schulmeisterei anzuerkennen. Humor will noch immer niemand darin sehen.

Es widerstrebte mir, das Stück, ohne Ausblick auf das Leben der Erwachsenen, unter Schulkindern zu schließen. Deshalb führte ich in der letzten Szene den Vermummten Herrn an. Als Modell für den aus dem Grab gestiegenen Moritz Stiefel, die Verkörperung des Todes, wählte ich die Philosophie Nietzsches."[9]

Einflüsse

Konkret benennbare Einflüsse aus seiner Schulzeit sind der **Selbstmord des Primaners Frank Oberlin im Jahre 1881** und der **Selbstmord des Mitschülers Moritz Dürr im Jahre 1885**, der wohl der Namensgeber für Moritz Stiefel ist. Die Erschütterung über den Tod des Schulkameraden wird in dem Auszug aus einem Brief deutlich, den Wedekind am 27. 04. 1886 an seinen Vater schreibt:

„Von dem Unglück, was meinen Freund M. Dürr betroffen, wirst Du wohl auch gehört haben. Es ist das ein unendlich trauriges

9 *GW* 9. S. 424.

Geschick und doch nur die Unterbrechung eines beinah ebenso traurigen Lebenspfades."[10]

Melchior trägt Züge des jungen Wedekind

Melchior trägt indes deutliche **Züge des jungen Wedekind**. Dies beweisen die erhaltenen Briefe Wedekinds an seinen drei Jahre älteren Schulfreund **Adolph Vögtlin**, in denen er wie Melchior den **Egoismus** als den Menschen **in Fragen der Sexualität und der Ethik bestimmenden Trieb** postuliert. Der Dichter äußert in einem Brief an Vögtlin im August 1881

„(...) die Überzeugung, dass der Mensch nichts thue ohne angemessene Belohnung, dass er keine andere Liebe kennt, als Egoismus. Denn abgesehen von aller Vergeltung hier oder im Jenseits, ist uns doch das Bewusstsein einer nützlichen Handlung, das Gewissen, eine sonst unerschwingliche Belohnung, die wir wohl zu berechnen und zu schätzen wissen. Wem aber das Gewissen nicht solche Belohnung gewähren kann, wer nicht den inneren Genuss von seinen Wohlthaten hat, der verübt auch keine. Wir sagen, er sei ein geiziger, gefühlloser Mensch. Was kann er dafür? Ich brauche Dir wohl nicht zu erklären, da Geschlechts- und Freundesliebe von vornherein schon nur dem Egoismus entspringen, dass wir nur solchen Menschen, die uns nichts angehen, uneigennützig wohlthätig sein könnten, wäre nicht das Gewissen."[11]

Die Themen, die von Melchior und Moritz besprochen werden, finden sich in dem frühen Gedicht *Santa Simplicitas* und in dem dramatischen Fragment *Elins Erweckung*. **Sexualität, Schule als**

10 *Gesammelte Briefe*, Nr. 43.
11 Wagener, S. 82.

Vehikel der Gesellschaftskritik sind bedeutsame **Themen seines lyrischen, epischen und dramatischen Werkes**, vgl. z. B. die Gedichtsammlungen, die *Lulu*-Dramen und die Erzählung *Mine-Haha*.

Kindertragödie

Beeinflusst vom **Sturm und Drang** und der **Vormärzliteratur** und strikt **gegen die naturalistische Poetologie** gerichtet, führt Wedekind mit der Gattungsbezeichnung **„Kindertragödie"** einen **neuen Dramentypus** ein, der sich formal an die Tradition der klassischen Tragödie anlehnt, inhaltlich ihre Grenzen aber überschreitet.[12] Mit seiner Kritik am schulischen Erziehungssystem nimmt Wedekind eine typische **Sturm-und-Drang-Thematik**, wie sie z. B. Jakob Michael Reinhold Lenz (1751–1792) in *Der Hofmeister* (1774) gestaltet hat, wieder auf. Die Orientierung an literarischen Vorbildern zeigt sich auch an ganz konkreten Anspielungen und Zitaten in *Frühlings Erwachen*: Vor allem die Paktszene und die Gretchentragödie aus **Goethes** *Faust*, die **Figur des Woyzeck** aus **Büchners** gleichnamigem **Dramenfragment**, **Shakespeares** *Othello* und auch das **Alte Testament** sind **literarische Quellen**, die Wedekind verarbeitet hat. Im Einzelnen lassen sich die folgenden konkreten literarischen Bezugnahmen erkennen.

---

12 Vgl. S. 41 ff. dieses Bandes.

Literarische Bezugnahmen

FRÜHLINGS ERWACHEN	ALTES TESTAMENT
Frühlings Erwachen, HL S. 51, Z. 29–31/R S. 66, Z. 13–15: Melchior will sich bei Ruprecht durch das Erzählen anzüglicher alttestamentlicher Geschichten beliebt machen: Die Anspielungen sind im Einzelnen:	
Frühlings Erwachen, HL S. 51, Z. 30/R S. 66, Z. 14 „Moab" Thema: Inzest	*Genesis* 19,37 Stammvater der Moabiter, Sohn aus der inzestuösen Verbindung zwischen Lot und seiner ältesten Tochter
Frühlings Erwachen, HL S. 51, Z. 30/R S. 66, Z. 13 f. „Judas Schnur Thamar" Thema: Onanie	*Genesis* 38 Thamar, die Schwiegertochter („schnur") Judas, soll nach dem Tod ihres Mannes Onan heiraten, der sich aber weigert, ein Kind mit ihr zu zeugen. Er lässt den Samen „auf die Erde fallen" (Gen. 38,9), wofür er von Gott mit dem Tode bestraft wird. Thamar verkleidet sich als Hure und zeugt mit Juda ein Kind, nachdem sie Juda nicht – wie es üblich gewesen wäre – seinem dritten Sohn zur Frau gegeben hat.
Frühlings Erwachen, HL S. 51, Z. 30/R S. 66, Z. 14 „Loth" Themen: Inzest Homosexualität Vergewaltigung	*Genesis* 19 Lot beschützt die beiden Engel, die zu ihm nach Sodom gekommen sind, vor Vergewaltigung durch die Männer der Stadt; auf der Flucht dreht sich Lots Frau um und wird zur Salzsäule; die Töchter Lots zeugen, im Glauben, sie seien die letzten Überlebenden, mit ihrem Vater Nachkommen.

FRÜHLINGS ERWACHEN	ALTES TESTAMENT
Frühlings Erwachen, HL S. 51, Z. 31/ R S. 66, Z. 15 „Königin Basti“ Thema: Verweigerung	*Esther* 1+2 pers. Königin Vasth I., die sich weigert, ihre Schönheit auf Befehl zur Schau zu stellen. Sie wird daraufhin von ihrem Ehemann Xerxes verstoßen, Esther wird an ihrer Stelle Königin.
Frühlings Erwachen, HL S. 51, Z. 31/ R S. 66, Z. 15 „Abisag von Sunem“ Thema: enthaltsamer „Beischlaf“	1. *Könige* 1 Pflegerin Davids, die bei ihm schläft, um ihn zu wärmen, mit der er keinen Geschlechtsverkehr hat

FRÜHLINGS ERWACHEN	GOETHES *FAUST*
Frühlings Erwachen, HL S. 33, Z. 29–S. 34, Z. 2/R S. 43, Z. 8–20 Wendlas Monolog: Unruhe, Bußbereitschaft	*Faust, der Tragödie erster Teil*, V. 3374–3413 Gretchen am Spinnrad, ihre Unruhe
Frühlings Erwachen, HL S. 25, Z. 14–23/R 32, Z. 9–19) Gretchentragödie in der Kommentierung von Melchior und Moritz: Kritik an ausschließlich sexuell ausgerichteter Interpretation und Wedekinds Anspielung auf Wendlas Schicksal	*Faust, der Tragödie erster Teil*, V. 2605–4614 Gretchentragödie vgl. Friedrich Schiller, *Die Kindsmörderin* (1780/81)
Frühlings Erwachen, HL S. 36, Z. 36 f./R S. 47, Z. 9 „Kindsmörderin“ – Anspielung Ilses	*Faust, der Tragödie erster Teil*, V. 4508 Gretchentragödie vgl. Friedrich Schiller, *Die Kindsmörderin* (1780/81)
Frühlings Erwachen, HL S. 47, Z. 29–S. 51, Z. 15/ R S. 61, Z. 1–S. 65, Z. 3 In Prosa gehaltene Diskussion zwischen den Eltern über die Verantwortung Melchiors für seine Taten, Plan zur sozialen „Rettung“ Melchiors in einer Erziehungsanstalt	*Faust, der Tragödie erster Teil*, Szene: *Trüber Tag* In Prosa gehaltene Diskussion zwischen Mephisto und Faust über die Frage nach der Verantwortung für Gretchens Schicksal; Plan zur Rettung ihres Lebens

FRÜHLINGS ERWACHEN	GOETHES *FAUST*
Frühlings Erwachen, HL S. 62, Z. 4–7/ R S. 79, Z. 19–23 Versprechen des vermummten Herrn, Melchior ins Leben zu führen	*Faust, der Tragödie erster Teil*, V. 1540–1543, 1692–1707 Paktszene: Mephisto verspricht, Faust zu zeigen, was das wahre Leben sei.

FRÜHLINGS ERWACHEN	BÜCHNERS *WOYZECK*
Frühlings Erwachen, HL S. 23, Z. 15–37/R S. 29, Z. 27–S. 30, Z. 15 Moritz' Antimärchen: positives Ende in HL S. 23/R S. 29 f.; „Königin ohne Kopf" als Vorausdeutung auf das Erscheinen des toten Moritz, der den Kopf unterm Arm trägt	*Woyzeck*, Sz. 19 „Antimärchen" der Großmutter mit sozialkritischem Impetus
Frühlings Erwachen, HL S. 23, Z. 15/ R S. 29, Z. 15 ff. Moritz hört flüsternde Blätter.	*Woyzeck*, Sz. 1 Woyzeck hört Stimmen in der Natur.

FRÜHLINGS ERWACHEN	SHAKESPEARES *OTHELLO*
Frühlings Erwachen, II, 3 Hänschen vernichtet erotische Bilder.	*Othello*, V, 2 Mord an Desdemona[13]

13 Vgl. S. 66 dieses Bandes.

3.2 Inhaltsangabe

ZUSAMMENFASSUNG

Das Drama *Frühlings Erwachen*, das die Gattungsbezeichnung „Kindertragödie“ trägt, behandelt typische Adoleszenzprobleme wie „Sexualität“ und die kritische Auseinandersetzung mit der herrschenden bürgerlichen Moral am Beispiel der Schule und des von ihr ausgeübten Leistungsdrucks. An Wendla Bergmann und Moritz Stiefel werden tragisch endende Konfliktausgänge demonstriert, mit Melchior Gabor wird eine optimistisch stimmende Perspektive angeboten.

1. Akt: Autoritäre Erziehung und fehlende sexuelle Aufklärung in Schule und Elternhaus

Gespräch Frau Bergmann – Wendla (I, 1)

Vorausdeutung auf Wendlas Tod (HL S. 5/R S. 7)

Frau Bergmann ist der Meinung, dass Wendla aufgrund ihrer körperlichen Entwicklung ein längeres Kleid tragen sollte. Wendla möchte dagegen gerne weiterhin das gewohnte kurze Kleid tragen; sie setzt sich schließlich durch.

Melchior und Moritz sprechen über Sexualität (I, 2)

Kritik am erbarmungslosen Leistungsdruck der Schule

Die Schüler klagen über die hohe Belastung durch den schulischen Lernstoff: „Wozu gehen wir in die Schule? – Wir gehen in die Schule, damit man uns examinieren kann! – Und wozu examiniert man uns? – Damit wir durchfallen“ (HL S. 7, Z. 1–3/R 9, S. 19–21). Nachdem die anderen, Otto, Georg, Robert und Ernst, gegangen sind, äußert Moritz gegenüber Melchior, einem sehr guten Schüler, die Befürchtung, das Klassenziel nicht zu erreichen. Dann diskutieren sie über den Ursprung des menschlichen Schamgefühls. Moritz formuliert seine Erziehungsvorstellungen: Er würde seinen Kindern eine große sexuelle Freizügigkeit einräumen. Melchior gibt zu bedenken, dass eine zu freizügige Erziehung auch negative Folgen, vor allem ungewollte Schwangerschaften, mit sich führen könnte.

Im Mittelpunkt der Unterhaltung steht der Erfahrungsaustausch über die ersten sexuellen Regungen der beiden Jugendlichen. Moritz hat aufgrund sexueller Träume ein schlechtes Gewissen. Es wird deutlich, dass er nicht aufgeklärt ist, während Melchior bereits tiefer gehende Kenntnisse besitzt. Aus Scham bittet Moritz Melchior darum, ihm den Gang der Fortpflanzung nicht mündlich mitzuteilen, sondern aufzuschreiben.

Moritz hat Schuldgefühle wegen sexueller Träume

Thea, Wendla und Martha sprechen über Kindererziehung (I,3)

Martha berichtet den beiden Mädchen von ihrer strengen Erziehung, die ihr die Haartracht und die Kleidung vorschreibt. Folge sie nicht diesen Anweisungen, werde sie geschlagen oder müsse in einem Sack schlafen: „Wendla: Womit schlägt man dich, Martha? / Martha: Ach was – mit allerhand" (HL S. 13, Z. 25 f./R S. 17, Z. 22 f.). Dann kreist das Gespräch um die Kinderwünsche der Mädchen; alle drei stimmen darin überein, später einmal Jungen und keine Mädchen bekommen zu wollen. Alle drei scheinen noch keine sexuelle Aufklärung erfahren zu haben. Nur Wendla ist mit ihrem Geschlecht zufrieden, die beiden anderen wären lieber als Jungen auf die Welt gekommen. Als Melchior vorbeiläuft, unterhalten sie sich über seine hervorragenden schulischen Leistungen und seine Erscheinung. Wendla interessiert sich für ihn.

Autoritäre Erziehung

Moritz erfährt von seiner Versetzung auf Probe (I, 4)

Mitschüler warten vor dem Gymnasium auf Moritz, der in das Konferenzzimmer eingedrungen ist, um zu erfahren, ob er das Klassenziel erreicht hat. Er erfährt aus dem Protokoll, dass er probeweise in

Vorausdeutung auf Moritzens Selbstmord

die nächste Klasse versetzt werde. Vor seinen Mitschülern nimmt er sich vor, im nächsten Jahr viel mehr zu lernen, damit die Versetzung nicht rückgängig gemacht wird. Seine Kameraden wollen es ihm nicht abnehmen, dass er sich umgebracht hätte, wenn er die Klasse hätte wiederholen müssen (vgl. HL S. 17, 13 f./R S. 22, Z. 6 f.). Zwei vorübergehende Lehrer äußern ihre Verwunderung darüber, dass Moritz und Melchior befreundet sind, obgleich beide leistungsmäßig weit auseinanderliegen.

Melchior und Wendla treffen sich im Wald (I, 5)

Masochismus als Bestandteil sexueller Erfahrung

An einem Nachmittag begegnen sich Melchior und Wendla im Wald. Melchior fragt Wendla nach dem Grund ihres karitativen Engagements und Wendla entgegnet darauf, dass sie gerne anderen Menschen helfe. Melchior bezweifelt, dass Menschen uneigennützig handeln. Wendla fordert ihn auf, sich seiner Familie zuliebe konfirmieren zu lassen. Sie erzählt von einem Tagtraum, in dem sie als Kind von Bettlern täglich auf der Straße um Geld bitten müsste und geschlagen würde, wenn sie nicht genug Geld nach Hause brächte. Sie erzählt Melchior von dem Schicksal Marthas, die täglich geschlagen werde. Während Melchior einwendet, dass gegen den Vater Marthas Strafanzeige erstattet werden müsste, äußert Wendla den Wunsch, einmal geschlagen zu werden (vgl. HL S. 20, Z. 27–S. 21, Z. 4/R S. 26, Z. 3–36). Nach anfänglichem Zögern erfüllt Melchior ihr diesen Wunsch und schlägt sie zunächst mit einem Stock, später mit den Fäusten. Nachdem er während des Schlagens die Kontrolle über sich verloren hat, hält er inne und läuft schluchzend in den Wald.

2. Akt: Verzweifelt über den schulischen Leistungsdruck begeht Moritz Selbstmord

Melchior und Moritz: Schule, *Faust* und Sexualität (II, 1)

Grundsätze einer nicht-autoritären Erziehung

Die Szene spielt bereits im nächsten Schuljahr. Moritz arbeitet sehr viel für die Schule, dennoch ist es schon fünfmal passiert, dass er nichts gewusst hat. Er setzt sich unter Druck, weil er seine Eltern nicht enttäuschen will. Zum wiederholten Mal droht er damit, sich bei einem Misserfolg das Leben zu nehmen. Moritz erzählt Melchior das Märchen von der Königin ohne Kopf. Frau Gabor fordert Moritz auf, nicht nur an die Schule, sondern auch an seine Gesundheit zu denken und nicht zu viel zu arbeiten. Außerdem kritisiert sie die *Faust*-Lektüre der beiden Jugendlichen, da sie meint, dass ihnen die notwendige Reife für das Verständnis mangelt. Sie verbietet die Lektüre jedoch nicht, sondern versichert ihrem Sohn vielmehr, sie vertraue darauf, dass Melchior abwägen könne, was gut und schlecht für ihn sei: „Ich werde mein Vertrauen immer lieber in dich als in irgend beliebige erzieherische Maßregeln setzen" (HL S. 25, Z. 4–6/R S. 31, Z. 34–36). Nachdem Frau Gabor das Zimmer verlassen hat, knüpft Moritz an Frau Gabors Ermahnung bezüglich der *Faust*-Lektüre an und meint, sie habe auf die Gretchentragödie angespielt. Melchior kritisiert die von sexuellen Anspielungen geprägte Sichtweise der Erwachsenen. Moritz erklärt sich schließlich beeindruckt von dem Brief Melchiors, in dem dieser die menschliche Fortpflanzung schildert.

Frau Bergmann klärt Wendla scheinbar auf (II, 2)

Scheinbare sexuelle Aufklärung

Frau Bergmann berichtet ihrer Tochter, dass der Storch bei Ina gewesen sei und ihr einen Jungen gebracht habe. Wendla erklärt ihrer Mutter, dass sie nicht mehr an den Storch glaube, und bittet sie eindringlich, ihr die wahren Umstände der Fortpflanzung zu erläutern.

Frau Bergmann scheut sich, die Tochter aufzuklären, und erst die Drohung, Wendla werde den Schornsteinfeger um Informationen bitten, bewirkt, dass Frau Bergmann scheinbar die gewünschten Informationen gibt. Sie erklärt, man müsse den Mann aus ganzem Herzen lieben, von dem man ein Kind haben möchte: „Um ein Kind zu bekommen – muss man den Mann – mit dem man verheiratet ist ... lieben – l i e b e n sag ich dir – wie man nur einen Mann lieben kann! Man muss ihn so sehr von ganzem Herzen lieben, wie – wie sich 's nicht sagen lässt! Man muss ihn l i e b e n, Wendla, wie du in deinen Jahren noch gar nicht lieben kannst“ (HL S. 29, Z.1–9/R S. 37, Z. 2–8). Die biologischen Voraussetzungen der menschlichen Fortpflanzung bleiben unerwähnt, Wendla erhält somit keine sexuelle Aufklärung.

Hänschen Rilow vernichtet das Bild der Venus (II, 3)

Anspielungen auf die angeblich negativen gesundheitlichen Folgen der Selbstbefriedigung

Venus = römische Göttin der erotischen Liebe

Hänschen Rilow hat sich auf der Toilette eingeschlossen. Er beschreibt Schönheit und Keuschheit der auf dem Bild dargestellten Venus, der er sich verfallen glaubt, da sie ihn zu häufiger Selbstbefriedigung reizt. Er will das Bild wie die Bilder vorher vernichten, da er das zwanghafte Onanieren als eine Qual empfindet: „Aber du saugst mir das Mark aus den Knochen, du krümmst mir den Rücken, du raubst meinen jungen Augen den letzten Glanz“ (HL S. 30, Z. 10–11/R 38, Z. 20–22). Den Abschied empfindet er als schmerzhaft, meint aber keine andere Wahl zu haben, da er seine Gesundheit gefährdet sieht. Schließlich wirft er das Bild in die Toilette.

Überrumpelung im Heu (II, 4)

Vergewaltigung

Wendla findet Melchior auf dem Heuboden. Da er nicht hinauskommen will, geht sie auf ihn zu und kniet sich neben ihm nieder. Melchior küsst Wendla, die sich mit dem Argument wehrt, man liebe sich doch, wenn man Küsse austausche. Melchiors Bekenntnis, dass er sie nicht liebe, beruhigt sie nicht und sie wehrt sich gegen die sexuelle Zudringlichkeit des jungen Mannes – vom Ende her betrachtet erfolglos, da es wohl zum Geschlechtsverkehr kommt.

Frau Gabors Brief an den verzweifelten Moritz (II, 5)

Humane Erziehungsgrundsätze

Frau Gabor schreibt einen Brief an Moritz, in dem sie ihm mitteilt, dass sie ihm das Geld für die Überfahrt nach Amerika nicht werde geben können. Als Gründe dafür nennt sie fehlende finanzielle Mittel und die Rücksicht auf die Eltern von Moritz. Aus dem Brief wird deutlich, dass Moritz die Nachricht über seine Nicht-Versetzung erhalten hat. Sollte ihm die Flucht nach Amerika nicht gelingen, so werde er sich umbringen, droht er in dem Brief an Frau Gabor. Frau Gabor indes versucht ihn zu beruhigen, indem sie auf den Umstand verweist, dass die schulischen Leistungen keine Aussagen über den Wert einer Person zuließen. Außerdem gebe es viele Beispiele von beruflich erfolgreichen Menschen, die in der Schule schlechte Zensuren gehabt hätten. Frau Gabor ermuntert Moritz, weiterhin den Kontakt mit ihrem Sohn zu pflegen und beherzt gegen seine momentane Krise zu kämpfen.

Wendlas Monolog (II, 6)

Wendlas Wunsch nach einem Vertrauten

Wendla ist frühmorgens in den Garten gegangen, um für ihre Mutter Veilchen zu pflücken. In ihrem Monolog, bei dem die Szene II, 4 als Hintergrund mitzudenken ist, wird deutlich, dass sie sich gegenüber ihrer Mutter schuldig fühlt. Sie ist unruhig und hat den Wunsch, sich einem Menschen ganz anvertrauen zu können: „Ach Gott, wenn jemand käme, dem ich um den Hals fallen und erzählen könnte" (HL S. 34, Z. 1–2/R Z. 43, 18–20).

Moritz trifft Ilse kurz vor seinem Suizid im Wald (II,7)

Moritz rechtfertigt seine Selbstmordabsichten mit seiner Enttäuschung über das Leben

Moritz rechtfertigt den geplanten Selbstmord: Er passe nicht in die Gesellschaft, fühle sich keinem religiös begründeten Selbstmordverbot unterworfen und er glaube nicht an ein vorherbestimmtes Schicksal oder eine Aufgabe; sein Leben sei reiner Zufall: „Das Leben hat mir die kalte Schulter gezeigt" (HL S. 35, Z. 36/R 45, Z. 32 f.). Er bereut ein wenig, dass er keine sexuellen Erfahrungen gemacht hat, da er meint, dass sie zum menschlichen Leben essenziell dazugehören. Moritz stellt sich die Verhaltensweisen des Rektors, des Pastors und seines Freundes Melchior bei seinem Begräbnis vor. Den Entschluss zur Selbsttötung hält er für einen Akt eines freien Individuums, das sich über die gesellschaftlichen Regeln erhebt.

Moritz schlägt Ilses Angebot aus

Moritz bemerkt Ilse nicht, die, von einer Männer- oder Künstlergesellschaft namens „Priapia" kommend, auf dem Weg durch den Wald nach Hause ist und die leise an ihn herangetreten ist. Sie erzählt Moritz von ihrer Tätigkeit als Aktmodell und Freudenmädchen. Moritz entschuldigt seine schlechte Stimmung mit den angeblichen Nachwirkungen des Alkoholkonsums. Ilse berichtet von einem vierzehntägigen Aufenthalt bei Heinrich, der sie fotografiert und mit einer geladenen Pistole erschreckt habe. Sie sei von ihm geflohen und, nachdem sie von der Polizei aufgegriffen worden sei, auf die Wache gebracht worden, wo sie von der „Priapia" abgeholt worden sei, die für sie gebürgt habe. Ilse befürchtet, dass ihrem freizügigen Lebenswandel keine lange Zukunft beschert sein werde und sie vor den anderen sterben werde. Ihre mit sexuellen Absichten geäußerte Einladung, sie bis zum Haus zu begleiten, lehnt Moritz ab, bereut diese Ablehnung nach ihrem Abschied, da sie eine Gelegenheit dargestellt hätte, das auf sexuellem Gebiet Versäumte nachzuholen. Zwischen Königskerzen am Flussufer sitzend, bereitet sich Moritz auf den Selbstmord vor.

3. Akt:
Melchior wird der Schule verwiesen und Wendla stirbt bei einer Abtreibung

Beschluss über den Schulausschluss Melchiors (III, 1)

Kritik an der mangelnden Einsicht der Schulrepräsentanten in ihre eigene Verantwortung für den Selbstmord

Der Rektor beantragt auf einer Konferenz den Schulausschluss Melchiors. Als Argumente führt er an: Sühne für den Tod Moritz', Abschreckung, Verhinderung eines schlechten Einflusses auf Mitschüler, Verhinderung von Selbstmord-Nachahmungstaten. Statt einer Besprechung des Falls entbrennt unter den anwesenden Lehrern eine Diskussion, ob man ein Fenster öffnen sollte. Mit der Stimme des Rektors wird in der abschließenden Abstimmung festgelegt, dass alle Fenster geschlossen bleiben. Dann gibt der Rektor zu bedenken, dass die Schule für zukünftige Unglücke vom Kultusministerium verantwortlich gemacht werden könnte, wenn keine disziplinarische Reaktion auf das Verhalten Melchiors erfolgte.

Während Melchior vom Hausmeister geholt wird, kommt es zwischen Fliegentod und Zungenschlag erneut zum Streit über das Fenster.

Rektor Sonnenstich konfrontiert Melchior mit dem von ihm geschriebenen Aufklärungsbrief an Moritz. Melchior gibt die Verfasserschaft unumwunden zu, möchte aber wissen, worin das Unschickliche seines Briefes bestehe, da er nur allgemein Bekanntes geschildert habe. Sonnenstich weist diese Bemerkung voller Entrüstung zurück, lässt den Schüler nicht mehr zu Wort kommen und beendet die Konferenz.

Begräbnis von Moritz (III, 2)

Unverständnis der Kirche

Pastor Kahlbauchs Rede am offenen Grab spricht von der ewigen Verdammnis des Selbstmörders: „Denn so wahr dieser eines dreifachen Todes starb, so wahr wird Gott der Herr den Gerechten einführen zur Seligkeit und zum ewigen Leben“ (HL S. 44, Z. 28–30/

R 57, Z. 10–12). Rentier Stiefel leugnet die Vaterschaft, der Onkel wirft dem Toten fehlendes Verantwortungsgefühl vor und Rektor Sonnenstich sieht den Selbstmord als Bestätigung der sittlichen Weltordnung. Die Mitschüler von Moritz unterhalten sich über die Todesart und halten den Selbstmord für sinnlos. Schließlich kommen Martha und Ilse zum Grab; beide nehmen sich vor, das Grab zu pflegen.

Melchior soll in ein Erziehungsheim (III, 3)

Grundwerte der bürgerlichen Erziehung: Disziplin, Grundsätze, moralischer Zwang, Unterordnung

Frau Gabor ist dagegen, dass ihr Sohn in ein Erziehungsheim kommt. Sie meint, dass er als Sündenbock fungiere. Ihr Ehemann dagegen ist davon überzeugt, dass die liberale Erziehung durch die Mutter die Ursache für die Probleme sei; Melchior in ein Erziehungsheim zu schicken, wäre ein Versuch, die vernachlässigten elterlichen Pflichten wieder ernst zu nehmen. Frau Gabor ist der Meinung, dass das Heim aus Melchior einen Verbrecher machen werde. Herr Gabor dagegen hält seinen Sohn für moralisch verdorben und geistesgestört. Frau Gabor weist darauf hin, dass Melchior nur Natürliches in seinem Brief an Moritz geschrieben habe; sie droht ihrem Mann mit Scheidung für den Fall, dass Melchior in die Korrektionsanstalt kommt. Als Herr Gabor vom Brief Melchiors an Wendla berichtet, in dem er sich bereit erklärt, gemeinsam mit Wendla die Folgen ihrer Schwangerschaft zu verantworten, und als er von der geplanten Flucht Melchiors erzählt, ist Frau Gabor mit der Einlieferung einverstanden.

Melchior im Erziehungsheim (III, 4)

Inhumanität der Gefangenschaft

An der Gruppenonanie der Heiminsassen nimmt Melchior nicht teil. Er plant seine Flucht durch das Fenster und den Blitzableiter hinab. Er fühlt sich für Wendla und Moritz verantwortlich und malt sich aus, wie er durch das Schreiben für Zeitungen Geld verdienen könnte. Am Ende der Szene unterhalten sich Dr. Prokrustes und ein Schreiner darüber, wie die Fenster durch schmiedeeiserne Gitter ausbruchssicher gemacht werden können.

Ärztliche Untersuchung Wendlas (III, 5)

Anspielung auf den nahen Tod Wendlas

Dr. von Brausepulver untersucht Wendla, erkennt ihre Schwangerschaft nicht und verordnet Tabletten gegen Blutarmut. Wendla hat Todesgedanken; sie vermutet, dass sie an der Bleichsucht erkrankt sei. Frau Bergmann beruhigt ihre Tochter mit der Versicherung, dass sie nicht sterben werde; Wendla sei vielmehr schwanger. Wendla kann nicht glauben, dass sie ein Kind bekommt, da sie nicht verheiratet sei und außer ihrer Mutter niemanden geliebt habe: „Aber das ist ja nicht möglich, Mutter. Ich bin ja doch nicht verheiratet...!"; „Ich weiß es, weiß Gott, nicht mehr! Wir lagen im Heu... Ich habe keinen Menschen auf dieser Welt geliebt als nur dich, Mutter" (HL S. 55, Z. 7–8 und 12–14/R S. 70, Z. 24 und 29–31).

Frau Bergmann rechtfertigt ihr Versäumnis, Wendla aufgeklärt zu haben, und verdrängt die Gefahr der Abtreibung

Frau Bergmann rechtfertigt die unterlassene Aufklärung mit dem Hinweis, dass sie selbst von den eigenen Eltern auch keine Informationen über die menschlichen Geschlechtsverhältnisse erhalten habe. In Anbetracht der Schwangerschaft vertraut sie auf Gottes Hilfe und appelliert an ihre Tochter, mutig und optimistisch in die Zukunft zu blicken: „Sieh, noch ist ja nichts geschehen" (HL S. 55, Z. 24/R 71, Z. 5 f.). Am Ende der Szene begrüßt sie die Mutter Schmidtin, die die Abtreibung vornehmen soll.

Ernst und Hänschen im Weinberg (III, 6)

Homosexualität

Ernst und Hänschen Rilow liegen im Weinberg und essen Trauben. Ernst erzählt, wie er sich seine berufliche Zukunft als Pfarrer vorstellt. Hänschen indes möchte mit wenig Aufwand Millionär werden. Beide gestehen sich ihre gegenseitige Liebe und malen sich aus, wie in dreißig Jahren der gerade erlebte Moment im Rückblick erinnert werde.

Schlussszene: Melchior an Wendlas Grab (III, 7)

Selbstvorwürfe Melchiors

Melchior ist die Flucht durch die Dachluke des Erziehungsheims gelungen. Er hat vom Tod Wendlas erfahren und will ihr Grab besuchen. Dort angekommen macht er sich den Vorwurf, der Mörder des Mädchens zu sein.

Moritz tritt, den Kopf unter seinem Arm haltend, auf Melchior zu und bittet ihn mehrere Male darum, ihm die Hand zu reichen. Melchior ist nicht vollständig davon überzeugt, dass es sich bei der Erscheinung um Moritz handelt. Moritz erzählt von seinem „Leben" unter den Toten, er stellt positiv heraus, dass Tote leidenschaftslos alles Lebendige betrachten. Wenn Melchior ihm auch nur den kleinen Finger reichen werde, so könne er an der Ruhe und der Zufriedenheit der Toten teilhaben.

In dem Moment, in dem Melchior aus Selbstverachtung und Trauer über den Verlust Wendlas einschlagen will, tritt der vermummte Herr auf, der Moritz befiehlt, sofort den Platz zu verlassen: „Ich führe dich unter Menschen. Ich gebe dir Gelegenheit, deinen Horizont in der fabelhaftesten Weise zu erweitern. Ich mache dich ausnahmslos mit allem bekannt, was die Welt Interessantes bietet" (HL S. 62, 4–7/R S. 79, Z. 20–23).

Er stellt Melchior den Fortschritt der körperlichen Verwesung vor Augen und zwingt Moritz zu dem Geständnis, dass das Totenreich keines der vorher erwähnten positiven Attribute trägt. Dann klärt er ihn über die wahre Todesursache Wendlas auf: Sie sei an dem Abtreibungsmittel, das die Mutter Schmidtin ihr verabreicht habe, gestorben. Auf die wiederholte Frage Melchiors nach seiner Identität gibt der vermummte Herr keine Antwort.

Aufführung des Berliner Ensembles 2008 in einer Inszenierung von Klaus Peymann, mit Sabin Tambrea (Melchior Gabor) und Lukas Rueppel (Moritz Stiefel) Der vermummte Herr als Symbol des Lebens
© ullstein bild – Lieberenz

Moritz bereut seinen Selbstmord

Mit der Hilfe von religiösen und ethischen Fragen versucht Melchior eine Identitätsbestimmung des vermummten Herrn. An den Kommentaren, die Moritz jeweils einwirft, wird erkennbar, dass er seinen Selbstmord bereut und ihn den gesellschaftlichen Moralvorstellungen, insbesondere der Verpflichtung, die Eltern zu achten, anlastet. Der vermummte Herr entgegnet auf den Vorwurf, dass er nicht auch Moritz in den letzten Stunden seines Lebens helfend erschienen sei, mit dem Hinweis auf Ilse, die ihn dem Leben wieder hätte verbinden können: „Erinnern Sie sich meiner denn nicht? Sie standen doch wahrlich auch im letzten Augenblick noch zwischen Tod und Leben“ (HL S. 63, 27–29/ R S. 81, Z. 20–22).

Komik und Tragödie

Moritz verabschiedet sich von seinem Freund, indem er sich dafür entschuldigt, dass er ihn hat zu sich in den Tod ziehen wollen: „So kehre ich denn zu meinem Plätzchen zurück, richte mein Kreuz auf, das mir der Tollkopf so rücksichtslos niedergestampft, und wenn alles in Ordnung, leg ich mich wieder auf den Rücken, wärme mich an der Verwesung und lächle…" (HL S. 64, Z. 19–23/R S. 82, Z. 19–24). Melchior verspricht ihm, bis ans Lebensende an ihn zu denken, und geht mit dem vermummten Herrn ab.

3.3 Aufbau

Die Grundstruktur der Handlung

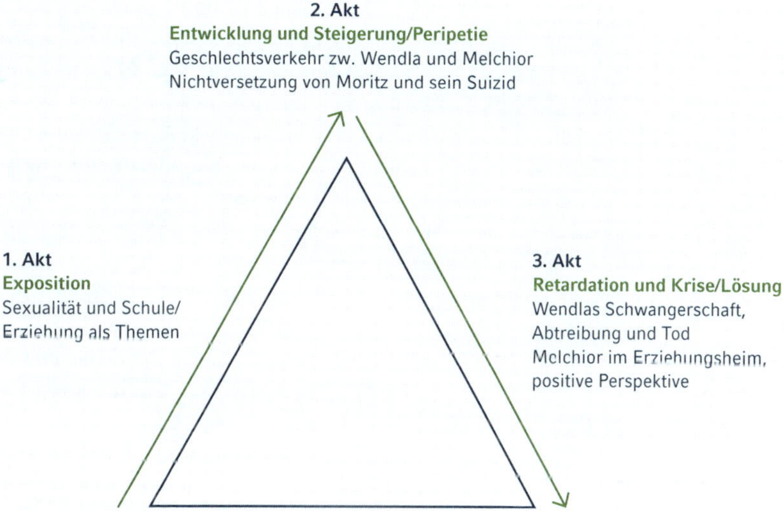

Die Dramenform

Frühlings Erwachen enthält **Elemente des geschlossenen** und des **offenen Dramas**: Wedekinds Bezeichnung als „Tragödie“ legt nahe, dass es dem klassischen Aufbau der Tragödie folgt. Tatsächlich lässt sich in den drei Akten eine Struktur erkennen, die dem klassischen Aufbau von **Exposition, Steigerung/Peripetie, fallende Handlung/ Lösung** nachempfunden ist.

Erster Akt

Im ersten Akt werden die behandelten Themen benannt und entfaltet, die Hauptpersonen treten auf. Ausdrucksformen von verdrängter jugendlicher Sexualität (Träume, Masochismus Wendlas) werden benannt; mit der Drohung Moritz', sich bei Nicht-Versetzung das Leben zu nehmen, wird der **dramatische Knoten** geschürzt.

Zweiter Akt

Im zweiten Akt wird die **Handlung weiter entwickelt**: Der Verzicht auf sexuelle Aufklärung Wendlas bedingt deren völlige Unkenntnis drohender Folgen beim Geschlechtsverkehr mit Melchior. **Höhepunkt und Peripetie** sind erreicht, als Moritz nicht versetzt wird und er Frau Gabor um Hilfe bittet; sein Selbstmord, aber auch Wendlas Ahnung möglicher Folgen des Geschlechtsverkehrs leiten die fallende Handlung ein. Die **Peripetie** wird in II, 7 besonders deutlich, als sich Moritz zwischen der das Leben verkörpernden Ilse und dem Tod entscheiden muss und den Tod wählt. Onanie und Prostitution werden als weitere Möglichkeiten sexueller Aktivität vorgestellt.

Dritter Akt

Im dritten Akt sind die Schulkonferenz, das Begräbnis und das Erziehungsheim als **Elemente der fallenden Handlung bzw. als Folgen der Handlungen aus dem zweiten Akt** zu verstehen. Der **Tod Wendlas ist der tragische Höhepunkt des** Aktes; Melchior bleibt durch das Eingreifen des vermummten Herrn von der Katastrophe verschont; sein Weiterleben deutet auf einen **Lösungsweg** hin. Im dritten Akt werden Gruppenonanie und Homosexualität als Formen der Sexualität thematisiert.

Elemente des offenen Dramas

Frühlings Erwachen enthält daneben **Elemente des offenen Dramas**: **Verzicht auf die Einheiten der Zeit** – das Stück spielt vom 05. Mai 1892 bis kurz nach dem Tod Wendlas am 27. Oktober 1892 –, **der Handlung** – es sind mehrere Handlungsstränge (Moritz, Melchior, Wendla, Hänschen) erkennbar –, und **des Ortes** – Vielzahl verschiedener Spielorte wie z. B. Wohnzimmer, Straße, Park, Heuboden. Manche **Szenen** stehen **unverbunden** zwischen anderen,

z. B. II, 3 und III, 6; für alle anderen Szenen gilt aber, dass sie **nicht frei gruppierbar** sind. Der **individuelle Held** der klassischen Tragödie **fehlt**; der gegen das unausweichliche Schicksal kämpfend, untergeht. **Geboten** werden einzelne **Fallstudien**, in deren Mittelpunkt stets pubertierende Kinder stehen, die sich subjektiv allerdings in einer **schicksalshaften Notlage** befinden, an der vor allem Moritz und Wendla scheitern. Nimmt man die **karikierende** und bis ins **Groteske** hineinreichende Zeichnung der Erwachsenenwelt hinzu, so kann man – dem Vorschlag Guthkes folgend – *Frühlings Erwachen* als **Tragikomödie** klassifizieren:

Tragikomödie

> „Das heißt: der Untertitel Tragödie bezieht sich auf die dramatische Gesamtkonstellation, die schicksalhafte Situation, in der die Halbwüchsigen scheitern. Diese Tragik wird aber in zweifacher Weise modifiziert, einmal indem es fast nur komische Figuren sind, die jene Situation konstituieren, und zweitens indem die Opfer selbst leicht karikiert sind.“[14]

---

14 Guthke, S. 330.

Der Aufbau

	I. AKT EXPOSITION	II. AKT ENTWICKLUNG UND STEIGERUNG/ PERIPETIE	III. AKT RETARDATION UND KRISE/ LÖSUNG
Themenkomplex 1 **Sexualität**	I, 1 Repressive Einstellung Frau Bergmanns I, 2: Diskussion über Sexualerziehung; sexuelle Traumfantasien Moritz wünscht eine schriftliche Sexualaufklärung von Melchior I, 3: Probleme bei der Akzeptierung der eigenen Geschlechtlichkeit I, 5 Masochismus Wendlas	II, 2 Wendla wird nur scheinbar von der Mutter sexuell aufgeklärt (Heirat und Liebe als „Fortpflanzungsmittel") II, 3 Onanie und ihre moralische Bewertung in der Gesellschaft II, 4 Geschlechtsverkehr zwischen Wendla und Melchior Melchiors Ansicht: Egoismus als ausschlaggebendes Handlungsmotiv des Menschen II, 6 Unruhe und Schuldgefühle Wendlas II, 7 Prostitution / Sexualität als Lebensprinzip	III, 5 Wendlas Schwangerschaft und Abtreibung III, 4 Gruppenonanie im Erziehungsheim III, 6 Homosexualität (Ernst/ Hänschen)

	I. AKT EXPOSITION	II. AKT ENTWICKLUNG UND STEIGERUNG/ PERIPETIE	III. AKT RETARDATION UND KRISE/ LÖSUNG
Themenkomplex 2 **Schule/ Erziehung**	I, 2 Leistungsdruck durch die Schule I, 3: Züchtigung als Erziehungsmittel I, 4 Moritz erfährt von seiner Versetzung auf Probe; Drohung mit Selbstmord bei Nicht-Versetzung I, 5 Melchiors Ansicht: Egoismusals ausschlaggebendes Handlungsmotiv des Menschen	II, 1 Humane Erziehungsgrundsätze Frau Gabors /stetig wachsender schulischer Leistungsdruck auf Moritz – er droht mit Selbstmord II, 5 Nach der Mitteilung der Nicht-Versetzung bittet Moritz vergeblich Frau Gabor um Hilfe bei der Flucht. /Selbstmorddrohung II, 7 Selbstmord Moritz' (Motiv: Verantwortungsübernahme für Enttäuschung der Eltern)	III, 1 Schulausschluss Melchiors III, 2 Begräbnis Moritz' III, 3 Erziehungsheim als Erziehungsmittel für Melchior III, 7 Melchior wird ins Leben zurückgeführt; Moritz sieht Selbstmord als Fehler.

3.4 Personenkonstellation und Charakteristiken

ZUSAMMEN-
FASSUNG

In dem Drama *Frühlings Erwachen* treten zahlreiche Personen auf, die sich um die beiden Themenkomplexe „Sexualität" und „Schule/Erziehung" gruppieren. Wir behandeln alle Personen und Personengruppen mit ihren charakteristischen Merkmalen. Die zentralen Figuren sind Melchior Gabor, Moritz Stiefel und Wendla Bergmann:

Melchior Gabor:
- → leistungsstarker Schüler
- → intelligent und sensibel, verantwortungsbereit
- → sein Lebenswille bleibt am Ende siegreich

Moritz Stiefel:
- → kein leistungsstarker Schüler, leidet unter schulischem Leistungsdruck
- → mutlos-labil, von Minderwertigkeitsgefühlen bestimmt
- → nimmt sich das Leben, bereut später seine Tat

Wendla Bergmann:
- → Opfer einer körperfeindlichen Erziehung
- → Züge eines masochistischen Interesses
- → hat bürgerliche Normvorstellungen verinnerlicht

Ein Personenverzeichnis fehlt sowohl im Erstdruck als auch in den späteren Buchausgaben. Das folgende Schaubild orientiert sich am Personenverzeichnis der beiden zitierten Ausgaben (Hamburger Leseheft und Reclam). Insgesamt treten **39 Personen** auf, rechnet man die Gymnasiasten und die Gruppe der Winzerinnen und Winzer, die ohne eigene Redeanteile bleiben, zu den Haupt- und Nebenfiguren hinzu.

Figuren der Haupthandlung

Zu den **Figuren**, die einen Anteil an der in der Exposition thematisch vorbereiteten **Haupthandlung** haben, zählen zweifellos Melchior, Moritz und Wendla, denen auf der Seite der Erwachsenen Frau Gabor (mit Einschränkung auch Herr Gabor) sowie Frau Bergmann gegenüberstehen.

Nebenfiguren

Diesen Hauptfiguren sind die folgenden **Nebenfiguren** zugeordnet, deren **Funktion** sich **auf die jeweilige Auftrittsszene beschränkt**: Schlossermeister, Pedell, Otto, Robert, Georg, Lämmermeier, Ina Müller.

Episodenfiguren

Als **Episodenfiguren** lassen sich die Figuren bezeichnen, die keine Hauptfiguren sind, deren Auftritt nicht situativ begründet und begrenzt ist (wie bei den Nebenfiguren), sondern im **Zusammenhang mit dem Problemgehalt des Dramas** steht. Solche Personen sind: Herr Gabor, Rentier Stiefel, Hänschen Rilow, Ernst Röbel, Martha Bessel, Thea, Ilse, die Gymnasialprofessoren (Sonnenstich, Hungergurt, Knochenbruch, Affenschmalz, Knüppeldick, Zungenschlag, Fliegentod), Pastor Kahlbauch, Ziegenmelker, die Zöglinge der Korrektionsanstalt (Diethelm, Reinhold, Ruprecht, Helmuth), Ilse, Dr. Prokrustes, Dr. von Brausepulver, der vermummte Herr.

Deutlich erkennbar ist, dass auf den **Jugendlichen** das **Hauptaugenmerk der Handlung** liegt: In **acht Szenen** treten nur **Jugendliche** auf (I, 2, 3, 5; II, 3, 4, 6, 7; III, 6), dagegen gehören **zwei Szenen** ausschließlich **Erwachsenen** (II, 5; III, 3). **In neun Szenen treten Jugendliche und Erwachsene gemeinsam auf** (I, 1, 4; II, 1, 2; III, 1, 2, 4, 5, 7).

Die **Erwachsenen** vertreten jeweils **unterschiedliche gesellschaftliche Erziehungsinstitutionen**: Familie, Schule, Korrektionsanstalt, Kirche. Die Jugendlichen sind – bis auf das Modell

Gesellschaftliche Erziehungsinstitutionen

Familie	**Schule**	**Kirche**	**Korrektionsanstalt**
Herr Gabor	Sonnenstich	Pastor Kahlbauch	Dr. Prokrustes
(Frau Gabor)	Hungergurt		Vorgabe inhumaner Verhaltensnormen:
Frau Bergmann	Knochenbruch		repressive Sexualethik, Leistungsdruck, Gehorsam
Rentier Stiefel	Affenschmalz		bei Nicht-Befolgung: Bestrafung
	Knüppeldick		
	Zungenschlag		
	Fliegentod		

↓

Vorgabe inhumaner Verhaltensnormen: repressive Sexualethik, Leistungsdruck, Gehorsam; bei Nicht-Befolgung: Bestrafung

Konflikt ↕ vermummter Herr als Vermittler

Wunsch nach sexueller Aufklärung, elterlichem Vertrauen, geringerem Leistungsdruck, Akzeptierung der Individualität

↑

Die Jugendlichen

Schülerinnen	**Schüler**	**Zöglinge der Korrektionsanstalt**
Wendla	Melchior	Diethelm
Martha	Moritz	Reinhold
Thea	Otto	Ruprecht
	Robert	Helmuth
	Georg	
	Ernst	
	Hänschen	
	Lämmermeier	

Ilse – Schülerinnen und Schüler. Der vermummte Herr lässt sich zunächst keiner der aufgeführten Institutionen zuordnen; als **Personifikation der Lebensbejahung** vertritt er ein **ethisches Prinzip**. Ilse arbeitet als Modell und wohl auch als Prostituierte, sie steht daher außerhalb der Schülerinnengruppe.

Ordnet man die Figuren der jeweiligen Erziehungsinstitution zu, so ergibt sich das Schaubild auf S. 48 dieses Bandes.

In der folgenden Charakterisierung werden die Figuren berücksichtigt, deren Auftreten einen direkten Bezug zu den im Drama verhandelten Problemkreisen haben.

Hauptfiguren

Moritz Stiefel

Motiv der Angst

Moritz tritt in I, 2, 4; II, 1, 7 sowie in III, 7 auf, seine Figur ist mit den Hauptthemen des Dramas, Schule und Sexualität, aufs Engste verknüpft. Das Motiv der Angst, seine Eltern zu enttäuschen, begleitet bereits den ersten Auftritt von Moritz: Im Gespräch mit Melchior wird deutlich, dass Moritz **kein leistungsstarker Schüler** ist, seine drohende Nicht-Versetzung bereitet ihm aufgrund der damit einhergehenden Enttäuschung seiner Eltern Angst. Als Ausweg sieht er die Flucht nach Altona, d. h. auf ein Schiff, an (vgl. HL S. 7, Z. 7/ R 9, Z. 25 f.).

Die probeweise Versetzung spornt seinen Leistungswillen an, gleichzeitig muss er sich erneute schulische Defizite eingestehen (vgl. II, 1). Moritz vergleicht sich mit Ernst Röbel, einem Mitschüler, der ebenfalls nur probeweise versetzt worden ist, und bekräftigt erneut seine Entscheidung sich umzubringen, wenn er die Klasse nicht schafft. „Röbel hat keine Eltern, die ihm ihr Alles opfern. (...) Wenn ich durchfalle, rührt meinen Vater der Schlag, und Mama kommt ins Irrenhaus“ (HL S. 22, 24–27/R S. 28, Z. 31–S. 29, Z. 2).

Schamgefühl

Auch die aufkeimenden sexuellen Regungen, die der völlig überraschte Moritz (vgl. HL S. 9, Z. 13/R S. 12, Z. 16) als schlecht, sündhaft empfindet (vgl. z. B. HL S. 10, Z. 25 ff./R S. 14, Z. 2 f.), sind mit tiefen Schuldgefühlen gegenüber seinen Eltern belastet: „Meine lieben Eltern hätten hundert bessere Kinder haben können" (HL S. 10, Z. 13 f./R S. 13, Z. 24 f.). Seine eigenes Schamgefühl erklärt er mit den Auswirkungen der Erziehung, und er macht sich zusammen mit Melchior Gedanken darüber, wie man die Scham durch eine geeignete Erziehung von Jungen und Mädchen eliminieren könnte (vgl. HL S. 7, Z. 23 ff./R S. 11, Z. 18–17). Bei seiner Argumentation bezieht er sich auf die auf Rousseau zurückgehende Vorstellung, dass der Mensch von Geburt aus gut sei und erst die Gesellschaft ihn schlecht mache, mithin sei das Schamgefühl seiner Vorstellung nach ein Produkt der Erziehung.

Moritz wurde von seinen Eltern nicht aufgeklärt. Das wird deutlich, wenn er seine Reaktion auf den ersten sexuellen Traum formuliert: „Ich hielt mich für unheilbar" (HL S. 9, Z. 27/R S. 12, Z. 34). Seine emotionale Reaktion auf diese erste Begegnung mit der eigenen Sexualität drückt Moritz mit biblischen Motiven aus: Er fühle sich wie Jesus im Garten Gethsemane (vgl. HL S. 9, Z. 31/R S. 12, Z. 35), dies ist ein Ort des Zweifels und des Abschieds für Jesus. Auf Moritz hin gedeutet bedeutet der biblische Vergleich, dass er sich in einem **Ablösungsprozess von der Kindheit** wiederfindet, es ist an der Zeit, unwiderruflich erwachsen zu werden. Moritz bittet Melchior darum, ihn sexuell aufzuklären; ein weiterer Hinweis auf seine Scheu ist die Bitte, diese Aufklärung nicht mündlich, sondern schriftlich zu formulieren: „Ich kann nicht gemütlich über Fortpflanzung plaudern"(14, 32 f.).

Aufklärung

Die **tiefe existenzielle Anrührung** durch das Thema der Sexualität lässt sich auch in dem Märchen von der kopflosen Königin erkennen (vgl. HL S. 23, Z. 15–37/R S. 29, Z. 27–S. 30, Z. 15).

Die Selbstinterpretation Moritz' zeigt das Verlangen nach und die Scheu vor der Begegnung mit dem anderen Geschlecht (vgl. HL S. 23, Z. 34–37/R S. 30, Z. 12–15). Im positiven Ende des Märchens versteckt sich die Hoffnung des Jungen auf eine gelingende Entfaltung der eigenen Sexualität. Moritz erhält mit der Figur der Ilse sogar eine Gelegenheit zur Entfaltung (vgl. II, 7), sein Verzicht darauf lässt sich bereits als eine Art „emotionaler Selbstmord" deuten, der physische Selbstmord lässt danach nicht mehr lange auf sich warten.

Moritzens **Selbstmord** in II, 7 ist die **konsequente Realisierung seiner Ankündigungen**, sich im Falle einer Nicht-Versetzung das Leben zu nehmen. Darüber hinaus sieht er ihn als eine Befreiung von dem Gefühl an, nicht zur Gesellschaft zu gehören (vgl. HL S. 34, Z. 3 ff./R S. 43, Z. 27). Moritz bestreitet jeglichen Schicksalsglauben, er hält den Zufall für das das menschliche Leben bestimmende Prinzip (vgl. HL S. 34, Z. 21 f/R S. 44, Z. 14) und versucht sich auf diese Weise eine Legitimationsbasis für die Tat zu konstruieren. Selbstmord

Moritz erscheint im Drama als die **Figur eines mutlos-labilen, von Minderwertigkeitsgefühlen bestimmten und ängstlichen Jugendlichen.** Erst nach seinem Tod erkennt er, dass sein entscheidender Fehler die mangelnde Lebensbejahung gewesen ist (vgl. III, 7) und dass eine überkommene Moralauffassung ihn in den Tod getrieben hat: „Meine Moral hat mich in den Tod gejagt. Um meiner lieben Eltern willen griff ich zum Mordgewehr" (HL S. 63, Z. 9–11/R S. 80, Z. 35–S. 81, Z. 1). Er bereut seine Tat und möchte gerne ins Leben zurück, er will Melchior auf seinem Weg mit dem vermummten Herrn begleiten: „Zeitlebens wollte ich nur klagen und jammern dürfen, wenn ich dich nun noch einmal hinausbegleiten könnte!" (HL S. 63, Z. 38–40/R S. 81, Z. 31–33).

Melchior Gabor

In I, 4 wird Melchior, der von seiner Mutter liberal erzogen worden ist, in einer indirekten Charakterisierung von Wendla als besonders **leistungsstarker Schüler** eingestuft (vgl. HL S. 14, Z. 41/ R S. 19, Z. 10). Seine schulischen Leistungen beeindrucken Lehrer wie auch Mitschüler. Melchior wird als junger Mann vorgestellt, der sich gründliche Gedanken zu Fragen der Moral macht.

Schamgefühl

In der Diskussion mit Moritz in I, 2 erklärt er das Schamgefühl sowohl als angeboren als auch als Modeerscheinung (vgl. HL S. 7, Z. 26–31/R S. 10, Z. 12–17). Dass Moritz das Schamgefühl mit einer Erziehung bekämpfen will, die eine möglichst große sexuelle Freizügigkeit gestattet, hält er für gefährlich. Vielmehr geht er davon aus, dass sexuelle Regungen ihren natürlichen Weg finden (vgl. HL S. 7, Z. 41– S. 8, Z. 9/R 10, Z. 18–27). Über seine eigenen sexuellen Gefühle spricht er offen mit Moritz und berichtet, dass ihm der erste sexuell orientierte Traum nur wenig Scham bereitet habe. Der Bitte Moritz', ihm einen Aufklärungsbrief abzufassen, entspricht Melchior: „Es ist mir das eine ganz interessante Arbeit" (HL S. 11, Z. 21/ R S. 15, Z. 8).

Atheismus-Egoismus-Theorie

Melchior hat einen **wachen und vor allem kritischen Verstand**. Das erkennt Wendla, wenn sie in I, 3 berichtet, Melchior würde an nichts glauben (vgl. HL S. 15, Z. 10–12/R S. 19, Z. 22–24). Bei ihrer Begegnung im Wald versucht Melchior, das Mädchen davon zu überzeugen, dass allen menschlichen Handlungen letztlich **Egoismus** zugrunde liegt. Atheismus und Egoismus-Theorie verbinden die Figur des Melchior mit der des jungen Wedekind, der dieselben Gedanken 1881 in einem Brief an Adolph Vögtlin formuliert hat.[15] Wegen dieser Erkenntnis möchte Melchior auf die Konfirma-

---

15 Vgl. Materialienteil, S. 100 f.

tion verzichten, wenn der Pastor keine überzeugenden Argumente gegen seine Egoismus-Theorie habe (HL S. 19, Z. 23 ff./R 25, Z. 3 f.).

Dass Argumente sich allerdings als nutzlos erweisen, auch wenn sie noch so überzeugend sind, muss Melchior in der Relegationskonferenz in III, 1 erkennen, in der er gezwungen wird, nur mit Ja oder Nein zu antworten. Melchior ist darüber hinaus **sensibel**; dass Wendla unbedingt von ihm geschlagen werden will, kann er nicht begreifen, nachdem er seine Selbstbeherrschung verloren hat, läuft er in tiefer Scham davon. Auf der anderen Seite lässt er seinen sexueller Regungen freien Lauf, wie in der Szene, in der es zur Vergewaltigung Wendlas kommt, deutlich wird (vgl. II, 4).

Vergewaltigung

Melchior liest Goethes *Faust*; er sieht die Lektüre-Verbote der Erwachsenen als unbegründet an, da sie seiner Meinung nach nur auf die Beziehung zwischen Faust und Gretchen abheben. Ganz allgemein kritisiert Melchior, dass sich die Erwachsenen anscheinend nur um Fragen der Sexualität kümmerten (vgl. HL S. 25, Z. 19 f./R S. 32, Z. 16).

Verantwortung

Nach der Vergewaltigung Wendlas und dem Selbstmord Moritz' wird er aus der Schule ausgeschlossen, da seine Lehrer davon überzeugt sind, dass er sich durch den Aufklärungsbrief mitschuldig gemacht hat am Tode Moritz'. In einem Brief an Wendla übernimmt er die **Verantwortung** für Folgen der Vergewaltigung, gleichzeitig plant er die Flucht nach England; für seine Eltern ist die Kenntnis des Briefes der letzte Auslöser dafür, ihn in ein Erziehungsheim zu geben.

Melchior ist eine Figur, die auf der einen Seite der eigenen Triebhaftigkeit ausgeliefert ist, die auf der anderen Seite aber auch fähig ist, die **eigene Situation kritisch zu reflektieren.** Er kann genau **beobachten** und erkennt beispielsweise, dass die Zöglinge der Korrektionsanstalt ihre Sexualität in würdeloser Weise ausleben. Treffend analysiert er den Grund: „Die Gefangenschaft macht sie zu Selbstmördern" (HL S. 51, Z. 26 f./R S. 66, Z. 10).

Er flieht aus der Anstalt, weil er Wendla vermisst und sich wegen des Selbstmordes von Moritz Vorwürfe macht; diese Gründe lassen sich aus seinem inneren Monolog in HL S. 52, Z. 11–13/R S. 66, Z. 33–35 herauslesen. Nachdem er von Wendlas Tod erfahren hat, ergeht er sich in Selbstvorwürfen und beabsichtigt im Glauben, er sei ihr Mörder, sich das Leben zu nehmen (vgl. HL S. 58, Z. 8–10/R S. 74, Z. 16–18). Der vermummte Herr, der seinen eigenen Lebenswillen personifiziert, klärt ihn über die wahre Todesursache Wendlas auf und überzeugt ihn, sich wieder dem Leben anzuvertrauen. Melchiors Charakter lässt sich wohl in mancherlei Hinsicht mit dem des jungen Wedekind vergleichen, wie er aus Briefen an seinen Jugendfreund Vögtlin überliefert ist.

Sieg seines Lebenswillens über den Todestrieb

Melchiors Theorie vom den Menschen bestimmenden Egoismus bewahrheitet sich an ihm selbst nicht nur in der Auslebung der sexuellen Begierde, sondern schließlich auch im **Sieg seines Lebenswillens über den Todestrieb**, der sich in Gestalt des toten Moritz präsentiert. Dies wird eine „Lösung" sein, die **Wedekinds eigener Erfahrung** nachempfunden ist.

Wendla Bergmann

Wendla tritt in I, 1, 3, 5; II, 2, 4, 6 und III, 5 auf.

In I, 3 feiert sie am 05. 05. 1892 ihren 14. Geburtstag und will das unvorteilhafte weite Kleid, das ihre Mutter für sie genäht hat, nicht tragen. Die **körperfeindliche Haltung ihrer Mutter** erkennt sie recht deutlich, wenn sie das lange Kleid als „Bußgewand" (HL S. 5, Z. 13/R S. 7, Z. 18) bezeichnet.

Der Bericht Marthas über die erlittene körperliche Züchtigung löst unter Martha, Thea und Wendla ein Streitgespräch über Kindererziehung aus: Wendla ist froh darüber, ein Mädchen zu sein (vgl. HL S. 14, Z. 11 f./R S. 18, Z. 36), möchte aber dennoch Jungen bekommen, weil sie meint, die Liebe eines Mannes sei wertvoller als die eines Mädchens (vgl. HL S. 14, Z. 16–18/R S. 18, Z. 21–23). Hinter diesem Wunsch steht **bürgerliche Leistungsethik**, die den **Wert eines Menschen nach seiner sozialen Stellung** bestimmt. Folgerichtig erklärt sie das Glück eines anderen Mädchens aus deren sozialen Defiziten: „Melitta ist selig, weil sie zehntausendmal mehr bekommt, als sie ist“ (HL S. 14, Z. 23 f./R S. 18, Z. 28 f.).

Im Gespräch mit Thea und Martha erfährt sie, dass Martha von ihren Eltern misshandelt wird (vgl. HL S. 12, Z. 21 f./R S. 16, Z. 16 ff.). Sie äußert den Wunsch, anstelle von Martha in einem Sack schlafen zu müssen (vgl. HL S. 13, Z. 17 f./R S. 17, Z. 14 f.).

Nächstenliebe

Im Gespräch mit Melchior in I, 5 wird ihre Nächstenliebe, die sich in der **Hilfe für die Armen** konkretisiert, als Egoismus bezeichnet. Melchior hält ihr Selbstsucht vor, weil es ihr Freude mache, mildtätig zu sein: „Es gibt keine Selbstlosigkeit“ (HL S. 19, Z. 31 f./R S. 25, Z. 10 f.). Das Thema der Hilfsbereitschaft aus Freude wird zusammen mit Marthas Geschichte aufgegriffen. Wendla wolle gerne an ihrer Stelle eine Woche verbringen. Im Hintergrund spielt aber auch Wendlas **masochistischer Wunsch** mit, zu erfahren, wie es ist, gezüchtigt zu werden (vgl. HL S. 20, Z. 27 ff./R S. 26, Z. 3–8). Nach anfänglichem Zögern erfüllt ihr Melchior den Wunsch (vgl. 26 f.) und schlägt sie.

In II, 5 kommt es zum Geschlechtsverkehr mit Melchior, gegen den sie sich wehrt, weil sie befürchtet, dass das Küssen ein Ausdruck von Liebe sein könnte, die – wie sie von der Mutter erfahren hat – schwanger mache. Melchiors Theorie vom allgegenwärtigen Egoismus soll sie beruhigen (vgl. HL S. 32, 3–5/R S. 41, Z. 1–3). In II, 6 wünscht sich Wendla einen Gesprächspartner, mit dem sie das Erlebte besprechen kann (vgl. HL S. 33, Z. 37–S. 34, Z. 2/R S. 43, Z. 18–20).

Wunsch nach Vertrauen und Aufklärung

In der letzten Szene, in der Wendla auftritt, sieht man sie bereits in leidendem Zustand. Der Arzt erkennt die wahre Ursache der Krankheit nicht, und als ihr die Mutter Aufklärung verschafft, will sie es nicht glauben, da sie Melchior nicht geliebt habe.

Todesahnungen

Wendla ist in diesem Stadium kurz vor ihrem Tod äußerst **sensibel**: Sie hört z. B. das Klopfen an der Tür, das von der Mutter Schmidtin stammt, deren Abortivmittel ihr binnen kurzer Zeit den Tod bereiten wird. Wendlas Todesahnungen lassen sich schon in I, 1 nachlesen; andere Vorausdeutungen, z. B. die Anspielung mit den „Himmelsschlüssel(n)“ (HL S. 54, Z. 3/R S. 69, Z. 24), und die Vorahnung, „(...) dass ich morgen am Tag sterben muss“ (HL S. 54, Z. 5 f./R S. 69, Z. 9) erfüllen sich: Wendla stirbt am 27. 10. 1892.

Wendla als Opfer körperfeindlicher Erziehungsmethoden

Selbst die Todesursache wird nicht wahrheitsgemäß bekannt gegeben. Erst der vermummte Herr klärt Melchior darüber auf, dass sie nicht an der Bleichsucht gestorben ist. Wendla ist das **Opfer körperfeindlicher Erziehungsmethoden** und einer nur auf das öffentliche Ansehen gerichteten Moral.

Frau Bergmann

In I, 1 steht Frau Bergmann dem körperlichen Reifungsprozess ihrer Tochter **hilflos und verklemmt** gegenüber; am liebsten sähe sie es, wenn sich **keinerlei Veränderung ihres Kindes** zeigte (vgl. HL S. 5, Z. 16–20/R S. 7, Z. 22–26); die sich abzeichnenden weiblichen Formen möchte sie unter einem weiten Kleid verborgen wissen.

Tabuisierung sexueller Themen

In II, 2 wird ihre **Scheu gegenüber allem Sexuellen** offenbar: Wendla bittet darum, nach der Geschichte vom Storch den wahren Vorgang der Zeugung erklärt zu bekommen (vgl. HL S. 28, Z. 1–7/R S. 35, Z. 26–32). Frau Bergmann ist verwirrt, reagiert ausweichend und widersprüchlich: „Ich sage dir alles (...) – nur heute nicht, Wendla! – Morgen, übermorgen, kommende Woche ... wann du nur immer willst, liebes Herz ...“ (HL S. 28, Z. 19–22/R S. 36, Z. 8–11).

Erst auf den nachhaltigen Druck Wendlas lässt sie sich darauf ein, ihr zu erklären, dass tiefe **Liebe die Voraussetzung für das Entstehen von Kindern** sei (vgl. HL S. 29, Z. 4–9 /R S. 37, Z. 2–8). Sie unterlässt es also, Wendla über die biologischen Vorgänge der Fortpflanzung zu informieren, obgleich sie von ihrer Tochter darum gebeten worden ist. Die Schwangerschaft Wendlas, die letztlich eine Folge fehlender sexueller Aufklärung ist, ist somit teilweise diesem **Versagen der Mutter** anzulasten.

Frau Bergmann hat Schwierigkeiten damit, sich klar zu machen, dass ihre Tochter kein Kind mehr ist. Dies macht auch ihre Reaktion nach der vermeintlichen Aufklärung deutlich, als sie die kindhafte Bekleidung des Mädchens begutachtet und wieder den zu kurzen Rock kritisiert (vgl. HL S. 29, Z. 18 f./R S. 37, Z. 13–19).

Der Versuch der **Tabuisierung sexueller Themen** wird Wendla in III, 5 zum Verhängnis. Frau Bergmann erkennt, dass ihre Tochter schwanger geworden ist, und wirft ihr vor, sie dadurch in eine leidvolle Situation gebracht zu haben. Wendla rechtfertigt sich damit, dass sie den Mann doch gar nicht geliebt habe, sodass die Voraussetzung für das Entstehung von Kindern nicht gegeben gewesen sei (vgl. HL S. 55, Z. 12/R S. 70, Z. 29 f.). Das Vorenthalten der Wahrheit begründet Frau Bergmann damit, dass es ihre eigene Mutter in der gleichen Weise getan habe, sodass sie gedacht habe, es sei eine korrekte Erziehungsweise (vgl. HL S. 55, Z. 21 f./R S. 71, Z. 3 f.).

Mangelnde Lernfähigkeit Frau Bergmanns treibt Wendla in den Tod

Frau Bergmann ist **nicht lernfähig**. Sie erkennt nicht, dass ihre Tabuisierung sexueller Themen Wendlas Leben entscheidend beeinflusst hat. Mit einer **Mischung aus Gottvertrauen** (vgl. HL S. 55, 22 ff./R S. 71, Z. 3 f.) **und Selbsthilfe** versucht sie, die Konsequenzen ihres Versagens zu vertuschen, und sie zwingt Wendla, das Abortivmittel der Mutter Schmidtin einzunehmen, an dem das Mädchen schließlich stirbt.

Frau Bergmann als Sinnbild für die Inhumanität bürgerlicher Sexualmoral

Auch wenn Frau Bergmann insbesondere durch ihre Sprache als Karikatur wirkt, so weist ihr Versuch, das Unaufhaltsame durch Fehlinformationen und Fehlentscheidungen zu verhindern, **tragische Züge** auf. Sie steht für **falsch verstandene Rücksichtnahme auf die öffentliche Meinung, Scheu und Verklemmtheit**, letztlich für die **Inhumanität bürgerlicher Sexualmoral**, die dem Menschen die Informationen über natürliche Lebensprozesse nicht nur vorenthält, sondern sogar – wie das Beispiel von Melchiors Brief lehrt – sanktioniert. Leidtragende dieser Sexualmoral sind die Jugendlichen.

Frau Gabor, Herr Gabor

Frau Gabor tritt in II, 1 zusammen mit Moritz und Melchior auf, in II, 5 beantwortet sie einen Brief Moritz'. Zusammen mit ihrem Ehemann diskutiert sie in III, 3, ob Melchior in ein Erziehungsheim eingeliefert werden soll.

Frau Gabor als fürsorgliche Mutter mit liberalem Erziehungsstil

Frau Gabor wird als **sorgende Mutter** eingeführt: Sie erkundigt sich nach dem Gesundheitszustand von Moritz und ermahnt ihn, über dem Lernen die eigene Gesundheit nicht zu vernachlässigen: „Die Schule ersetzt Ihnen die Gesundheit nicht" (HL S. 24, Z. 8 f./R S. 30, Z. 28). Ihrem Sohn bringt sie viel Vertrauen entgegen und **verzichtet auf Bevormundung**: „Du bist alt genug, Melchior, um wissen zu können, was dir zugänglich und was dir schädlich ist. Tu, was du vor dir verantworten kannst" (HL S. 24, Z. 41–43/ R S. 31, Z. 27–29).

Mit der gleichen Sorge antwortet sie Moritz in II, 5, der sie brieflich um Unterstützung seiner durch die Nicht-Versetzung notwendig gewordenen Flucht gebeten hat. Sie versichert ihm noch einmal, dass die schulische Leistung nicht den Wert eines Menschen bestimme: „Es ist meiner Meinung nach durchaus unzulässig, einen jungen Menschen nach seinen Schulzeugnissen zu beurteilen"

(HL 33, 11–13/R S. 42, Z. 20–22). Aus diesem Grund hat sie gegen eine Freundschaft zwischen ihrem Sohn und Moritz nichts einzuwenden. Seine geplante Flucht will sie aber in keinem Fall unterstützen, stattdessen bietet sie sich als Vermittlerin zwischen Moritz und seinen Eltern an.

Frau Gabor ist – zusammen mit dem vermummten Herrn und wohl auch Herrn Gabor – eine der wenigen erwachsenen Figuren, die **nicht als Karikatur** gestaltet sind. Ihr **menschenfreundlicher Charakter** und ihr **liberaler Erziehungsstil** werden in III, 5 von ihrem Mann kritisiert. Herr Gabor bezeichnet die Erziehungsweise seiner Frau als „geistvolle Erziehungsmethode" (HL S. 47, Z. 35/R S. 61, Z. 10 f.) und wirft ihr mangelnde Ernsthaftigkeit vor, da sie verzichtet habe, ihrem Sohn die Grundprinzipien bürgerlicher Moral zu lehren. Dieses Defizit beweise deutlich der Aufklärungsbrief, der zum Schulausschluss Melchiors führt. Er hält es für falsch, Kindern nicht die Konsequenzen des eigenen Handelns aufzubürden (vgl. HL S. 48, Z. 30–32/R S. 62, Z. 9–12), da sie dadurch keine Charakterbildung erhielten. Der Brief, den Frau Gabor für einen Ausdruck von Dummheit und „kindliche(r) Unberührtheit" (HL S. 49, Z. 27 f./R S. 63, Z. 19) hält, ist für ihren Mann der Beweis eines charakterlicher Grundschadens: „Wer das schreiben kann, was Melchior schreibt, der muss im innersten Kern seines Wesens angefault sein" (HL S. 48, Z. 35–37/R S. 62, 15–17).

Frau Gabors Charakterschwäche

Als Frau Gabor davon erfährt, dass Wendla schwanger ist und Melchior die Flucht nach England geplant hat, stimmt sie der Einweisung in die Korrektionsanstalt zu. Der Grund für diesen Meinungsumschwung dürfte in der **Enttäuschung über den Vertrauensbruch ihres Sohnes** liegen. Eine Schwäche ihres Charakters zeigt sich an dieser Stelle: Frau Gabor ist nicht der Lage zu erkennen, dass ihr Sohn gerade in diesem Moment das elterliche Vertrauen benötigt; indem sie sich von ihm abwendet, zeigt sie, dass die eigene Enttäuschung größer ist als das mütterliche Verantwortungsgefühl. Sie scheint das Verhalten ihres Sohnes als persönliche Kränkung aufzufassen und stimmt daher der vermeintlich einzigen „Lösung“, der Einweisung in die Korrektionsanstalt, zu. Darüber hinaus scheint auch Frau Gabor ihren Sohn nicht aufgeklärt zu haben; Melchior gesteht Moritz, dass er sein Wissen aus Büchern, Magazinen und Naturbeobachtungen gewonnen habe (vgl. HL S. 10, Z. 29–30/R S. 14, Z. 6–8).

Der Jurist Gabor

Für Herrn Gabor ist die Korrektionsanstalt der Ort, wo Melchior die Grundprinzipien bürgerlicher Moral kennenlernen wird: christliche Grundsätze, Disziplin, Gesetze (vgl. HL S. 51, 2–11/R S. 65, Z. 14–24). Der Jurist Gabor lässt sich als Mensch charakterisieren, für den kein langes Diskutieren über die Ursachen (vgl. HL S. 48, Z. 6/R S. 61, Z. 18), sondern **pragmatische Lösungen** im Vordergrund stehen. Dies wird z. B. in dem als ironisch aufzufassenden Rat deutlich, den er Frau Bergmann auf die Frage gibt, was sie mit ihrer schwangeren Tochter tun solle: „Ich sagte ihr, sie solle ihre fünfzehnjährige Tochter nicht auf Heuböden herumklettern lassen“ (HL S. 50, Z. 34–36/R S. 65, Z. 2–4). Auch die Entscheidung, Melchior in ein Erziehungsheim zu geben, ist von der Überlegung geleitet, wie sich der Sohn am besten an die Bedingungen der bürgerlichen Moral anpassen kann.

Episodenfiguren

Gymnasialprofessoren

Die Gymnasialprofessoren Sonnenstich, Hungergurt, Knochenbruch, Affenschmalz, Knüppeldick, Zungenschlag, Fliegentod treten bei der Schulausschlusskonferenz in Szene III, 1 in Erscheinung. Sonnenstich und Knochenbruch treten auch in der Beerdigungsszene auf (III, 2). Knochenbruch und Hungergurt unterhalten sich darüber hinaus in Szene I, 4 über die Schüler Moritz und Melchior.

Die Lehrerschaft wird bereits durch die **Namensgebung** in grotesker Weise karikiert. Die Namen könnten **Spitznamen** nachempfunden sein, die die **Lehrer von Schülern** erhalten haben und die jeweils eine **Besonderheit** hervorheben, z. B. den Sprachfehler des Gymnasialprofessors Zungenschlag.

Die Lehrerschaft wird in grotesker Weise karikiert

In I, 4 äußern Knochenbruch und Hungergurt ihr Unverständnis darüber, dass Freundschaft zwischen zwei Schülern möglich ist, die leistungsmäßig weit auseinander liegen. Der kurze Dialog ist insofern aufschlussreich, als er die **Bedeutung des Leistungsgedankens** hervorhebt, der dem Schülern von Lehrern beigemessenen Wert zugrunde liegt.

Während der Relegationskonferenz ergeben sich weitere Charakterzüge: **Autoritätshörigkeit** (vgl. HL S. 40, Z. 1 ff./R S. 51, Z. 10 ff.) und **Egoismus**. Die Diskussion über das zu öffnende Fenster, die als Paralleldiskussion neben der eigentlichen über den Schulausschluss geführt wird, soll die **Interesselosigkeit der Pädagogen an pädagogischen Fragen** offenbaren. Das Gespräch zwischen Sonnenstich und Melchior gestaltet sich zu einer farceartigen Vernehmung, in der der Rektor nicht bereit ist, auf die Argumente des Schülers einzugehen, sondern vielmehr darauf drängt, dass der vorher gefasste Relegationsbeschluss durchgesetzt wird. Am Ende des Gesprächs wirft Sonnenstich dem Schüler mangelnden Respekt vor der Lehrerschaft vor (vgl. HL S. 44, Z. 2–6/R S. 56, 7–10); nimmt man das Verhalten der Lehrerschaft in der Konferenz einmal zusammen, so müsste sich die Richtung des Vorwurfes gerade umkehren.

Autoritätshörigkeit und Egoismus

Die Karikatur der Lehrer durch Namensgebung, Verhalten und altertümlich gestelzte Sprache wird zur Groteske. Auch die Reaktion von Sonnenstich und Knochenbruch am offenen Grab des Moritz – Sonnenstichs pseudo-philosophischer Monolog verurteilt den Selbstmörder, während Knochenbruch sich in Kraftausdrücken

Die Lehrerschaft als Vertreter eines inhumanen bürgerlichen Erziehungsgedankens

Luft macht – zeigt, dass die **Lehrer** im Drama **als einheitlicher Typus** verstanden werden, den Härte und vor allem mangelnde Fähigkeit, sich in die Bedürfnisse der Jugendlichen einzufinden, auszeichnen. Gerade **die groteske Überzeichnung** kritisiert sie als **Vertreter eines inhumanen bürgerlichen Erziehungsgedankens.**[16]

Pastor Kahlbauch

Der Pastor hält die Grabrede bei der Beerdigung von Moritz (Szene III, 2). Er behauptet, dass der Selbstmörder sich gegen Gottes Gebote gestellt und damit das ewige Leben – sogar in dreifacher Weise (vgl. HL S. 44, Z. 28 f./R S. 57, Z. 10 f.) – verwirkt habe. Die Trauergemeinde, die auch weiterhin das Leben erdulden wolle, versichert er der Gnade Gottes.

Pastor als Personifizierung der Inhumanität

Pastor Kahlbauch ist in grotesker Weise als ein Kirchenvertreter gestaltet, der die **Macht der Gesellschaft über den Tod des Einzelnen hinaus repräsentiert**. Damit soll deutlich gemacht werden, dass dem Lebenden gar keine andere Möglichkeit bleibt, als sich den gesellschaftlichen Normen und Moralvorstellungen anzupassen, da ihm selbst die Aussicht auf eine mögliche Befreiung durch den Tod genommen ist. In übertriebener Weise personifiziert der Pastor **Inhumanität**, die gerade von einer Institution wie der Kirche, die sich der Nächstenliebe verpflichtet wissen müsste, nicht erwartet wird; Wedekinds Kritik wirkt somit umso stärker.

Der sprechende Name „Kahlbauch“ lässt sich mit der traditionell-sprichwörtlichen Wohlbeleibtheit eines Kirchendieners assoziieren. Das Adjektiv „kahl“ dürfte auf eine Mönchstonsur hindeuten, womit die in seiner Gestalt personifizierte Amtskirche klar bestimmbar wird.

---

16 Vgl. auch den Bericht Melchiors über die Reaktion Sonnenstichs auf die Todesmeldung Max von Trenks. Er erinnert sich daran, dass der Überbringer noch zwei Stunden Arrest abzubüßen habe (vgl. HL S. 24, Z. 16–25/R 31, Z. 1–11).

Der vermummte Herr

Der vermummte Herr, der keinen Namen trägt, tritt in der Schlussszene (III, 7) auf. Seine besondere Bedeutung wird auch durch die Widmung (HL S. 3/R S. 5) unterstrichen.

Die Widmung unterstreicht die Bedeutung des vermummten Herrn

Die erste Handlung bei seinem Auftritt ist die **Richtigstellung der Aussagen des toten Moritz.** Der Tod ist keineswegs erstrebenswert, Moritz muss zugeben, dass er Melchior angelogen hat. Dann klärt er Melchior über die wahren Umstände von Wendlas Tod auf. Auf die Frage nach seiner Identität antwortet er nicht (vgl. HL S. 61, Z. 28/R S. 79, Z. 1); seine Identitätsbestimmung erfolgt über die Bedeutung, die er für Melchior hat. Der vermummte Herr verspricht, ihm die Welt zu erschließen: „Ich führe dich unter Menschen. Ich gebe dir Gelegenheit, deinen Horizont in der fabelhaftesten Weise zu erweitern. Ich mache dich ausnahmslos mit allem bekannt, was die Welt Interessantes bietet" (HL S. 62, Z. 4–7/R S. 79, Z. 19–23).

Vermummter Herr als Prinzip des Lebens

Der vermummte Herr steht für das **Prinzip des Lebens.** In diesem Sinne ist auch seine Forderung zu verstehen, Melchior müsse sich ihm erst anvertrauen, bevor er ihn kennenlerne (vgl. HL S. 62, Z. 10 f./R S. 79, Z. 26 f.), d. h., dass er sich zunächst für das Leben entscheiden muss, bevor er weiß, was es ihm an neuen Erfahrungen bringt. Auf die Einladung „Komm, Kind!" (HL S. 64, Z. 14 f./ R S. 82, Z. 14) folgt ihm Melchior und wendet sich damit definitiv von seinen Todesgedanken ab und dem Leben zu.

„Deus ex Machina"

Dramaturgisch wirkt der vermummte Herr als ein **„Deus ex Machina"**, sein Erscheinen bewirkt ein glückliches Ende für Melchior und steht damit im **Gegensatz zu der Gattungsbezeichnung als Tragödie.** Seine Aufforderung, dass Leben kennenzulernen, lässt sich auch als **Appell** verstehen, gegen die erkannten gesellschaftlichen Missstände anzugehen. **Moral** wird von ihm definiert als das **reale Produkt der imaginären Größen „Sollen und Wollen"** (HL S. 63, Z. 7/R S. 80, Z. 32 f.); überprüft werden Moralvorstellungen von seinem gesunden **Menschenverstand**. So weist er Moritz darauf hin, dass seine Eltern die Enttäuschung über die Nicht-Versetzung des Sohnes durchaus verkraftet hätten; die wütende Reaktion ließe sich als Abbau angestauter Aggressionen und damit medizinisch erklären (vgl. HL S. 63, Z. 13–16/R S. 81, Z. 4–8).

Gesunder Menschenverstand

Auch wenn der vermummte Herr der Tragödienintention des Stücks auf den ersten Blick zuwiderläuft, so unterstreicht er durch sein Auftreten den das Stück beherrschenden **Gegensatz zwischen Tod und Leben**. Die **Macht der gesellschaftlichen Moralvorstellungen** hat sich zuvor bereits im **Tod von Moritz und Wendla** auf tragische Weise gezeigt.

Ilse

Das Modell Ilse tritt in Szene II, 7 auf. Sie ist eine ehemalige Schulkameradin von Wendla, Melchior und Moritz, arbeitet aber nun als **Aktmodell** für eine Künstlergesellschaft. Aus ihren Schilderungen geht hervor, dass sie auch dieser Männergesellschaft auch als **Prostituierte** dient. Sie **bietet Moritz,** der zu Beginn der Szenen bereut hat, dass er ohne sexuelle Erfahrung gemacht zu haben sterben werde, andeutungsweise und unter Verwendung infantiler Sprache **ein sexuelles Abenteuer** an: „Komm bis an unser Haus mit! (…) Ich will dir Locken brennen und dir ein Glöcklein um den Hals hängen. – Wir haben auch noch ein Hü-Pferdchen, mit dem du spielen kannst“ (HL S. 38, Z. 20–24/R S. 49, 13–18).

Über ihr weiteres Leben macht sie sich keine Illusionen, wenn sie davon ausgeht, dass sie früher als die anderen sterben werde: „Brrr! Bis es an euch kommt, lieg ich im Kehricht“ (HL S. 38, Z. 29 f./R S. 49, Z. 24).

Ilse als Symbol des Lebens

In III, 7 wird klar, dass Ilse – gerade wie der vermummte Herr – ein **Symbol des Lebens** ist, das Moritz vor dem Selbstmord bewahren soll: Auf die Beschwerde Moritz’, der vermummte Herr hätte sich ruhig auch vor seinem Suizid helfend einmischen können, antwortet jener: „Erinnern Sie sich meiner denn nicht? Sie standen doch wahrlich auch im letzten Augenblick noch zwischen Tod und Leben“ (HL S. 63, Z. 27–29/R S. 81, Z. 20–22).

Hänschen Rilow

Der Schüler Hänschen Rilow tritt in vier Szenen des Dramas auf (I, 4; II, 3; III, 2 und III, 6) und bekommt damit ein vergleichsweise großes Gewicht. Seine Gestalt lässt sich in Verbindung mit **Ausdrucksformen pubertärer Sexualität** sehen. In I, 2 erfährt man, dass er von der eigenen Gouvernante aufgeklärt worden ist (vgl. HL S. 10, Z. 33 f./R S. 14, Z. 10–12).

Ernst Röbel

In I, 4 wartet er zusammen mit seinen Mitschülern darauf, dass Moritz aus dem Konferenzzimmer kommt, wo er seine Versetzung in Erfahrung bringen will. Als Moritz herauskommt, interessiert es ihn, ob sein Freund Ernst Röbel auch versetzt worden ist. Erst in III, 7 wird klar, dass es sich bei Ernst um den Freund Hänschens handelt; beide gestehen sich ihre Liebe und tauschen Zärtlichkeiten aus (vgl. HL S. 57/R S. 73). Sie vereinbaren, das Leben soweit als möglich zu genießen: „Denke dir die Zukunft als Milchsette mit Zucker und Zimt. Der eine wirft sie um und zittert und heult, der andere rührt alles durcheinander und schwitzt. Warum nicht abschöpfen?“ (HL S. 56, Z. 33–S. 57, Z. 1/R S. 72, Z. 29–33).

Hänschen will es vor allem vermeiden, in die Fußstapfen der Eltern zu treten, die er für unzufrieden hält: „Sieh, unsere Alten zeigen uns lange Gesichter, um ihre Dummheiten zu bemänteln“ (HL S. 56, Z. 30 f./R S. 72, Z. 25 f.). Hänschen hält sich nicht für fähig, tugendhaften Vorstellungen zu entsprechen: „Die Tugend kleidet nicht schlecht, aber es gehören imposante Figuren hinein“ (HL S. 57, Z. 18 f./R S. 73, Z. 15). Gleichzeitig wirkt seine Äußerung, man werde die momentane Situation in 30 Jahren wohl belächeln, altklug; diese Einschätzung ist für ihn keine Grund, das Zusammensein mit Ernst nicht zu genießen.

Homosexualität

Mit der Homosexualität vertritt Hänschen eine **Spielart des sexuellen Erwachsen-Werdens**. In II, 3 inszeniert er die **Vernichtung seiner Onanier-Vorlagen als eine Art literarisches Begräbnis.** Mit den Worten, mit denen Shakespeares Othello Desdemona tötet, entledigt sich Hänschen der Bilder mit sinnlichen Darstellungen von Frauen. Der sprachliche **Bezug auf die klassische Tragödie** unterstreicht seine **Ernsthaftigkeit** und die **hohe Bedeutung**, die er der Handlung zuweist.

Onanie

Als Grund für die Zerstörung nennt Hänschen die einschlägige medizinische Fehlinformation, mit der das Verbot von Onanie begründet worden ist: „Aber du saugst mir das Mark aus den Knochen, du raubst meinen jungen Augen den letzten Glanz“ (HL S. 30, Z. 10 f./R S. 38, Z. 20–22). Hänschen verspricht sich von der Aktion auch eine Zunahme seiner Körperkraft: „Aber mein Gewissen wird ruhiger werden, mein Leib wird sich kräftigen (…)“ (HL S. 30, Z. 33 ff./R S. 39, Z. 11 f.). Der wahre Grund für die angestrebte Feierlichkeit des Rituals könnte auch in der Liebe zu Ernst Röbel liegen; die Vernichtung der Frauenbilder wäre dann zu interpretieren als das konsequente **Eingeständnis eigener Homosexualität**.

Gleichgültigkeit gegenüber gesellschaftlichen Moralvorstellungen

Sein Kommentar zum Selbstmord von Moritz ist aufschlussreich, da er seine **Gleichgültigkeit gegenüber gesellschaftlichen Moralvorstellungen** an den Tag legt. Er hält Moritz für einen „Tollpatsch“ (HL S. 46, Z. 3/R S. 58, Z. 29) und begleitet die Schaufel voller Erde, die er ins geöffnete Grab wirft, mit der ironischen Bemerkung, Moritz solle die „ewigen Bräute“ (HL S. 46, Z. 2/R S. 58, Z. 27) – gemeint sind die in II, 3 vernichteten Frauenbildern – grüßen.

Hänschen Rilow steht für einen Jugendlichen, der seine **Sexualität mit Pathos, aber auch mit Unbekümmertheit lebt und gesellschaftlichen Moralvorstellungen distanziert** gegenübersteht.

3.5 Sachliche und sprachliche Erläuterungen

Titel

HL S. 3/R S. 1	**Kindertragödie**	Dramenbezeichnung ohne literarisches Vorbild[17]

Personen

HL S. 4/R S. 3	**Rentier**	Empfänger von Altersversorgungsbezügen, Rentner, auch: Empfänger von Erträgen aus Rentenpapieren
	Sonnenstich, Affenschmalz, Knüppeldick, Hungertod, Knochenbruch, Zungenschlag, Fliegentod	sprechende Namen, die charakteristische Eigenschaften hervorheben, z. B. *Zungenschlag* als Lehrer mit einem Sprachfehler
	Habebald	einer der drei Gewaltigen in *Faust II*
	Pedell	Hausmeister
	Korrektionsanstalt	Erziehungsheim
	Dr. Prokrustes	griech. „Strecker". In der griech. Mythologie ist das der Name des Riesen, der seine Besucher jeweils der Größe des Bettes anpasst.
	Medizinalrat	Arzttitel im staatlichen Gesundheitswesen

17 Vgl. zur Frage der Berechtigung der Bezeichnung „Tragödie" S. 41 ff. dieses Bandes.

Widmung

HL S. 3/R S. 5	**Dem vermummten Herrn**	Personifikation des Lebens, in der Widmung besonders hervorgehoben

1. Akt, 1. Szene

HL S. 5, Z. 8/ R S. 7, Z. 12	**Zoll**	altes deutsches Längenmaß, entspricht ca. 2–3 cm
HL S. 5, Z. 11/ R S. 7, Z. 16	**Nachtschlumpe**	herabhängendes, nachlässig kleidendes Nachthemd
HL S. 5, Z. 15/ R S. 7, Z. 20	**Litze**	„Schnur"
HL S. 5, Z. 32/ R S. 8, Z. 7	**Volants**	(frz.) „Stoffbesatz"

1. Akt, 2. Szene

HL S. 6, Z. 22/ R S. 9, Z. 3	**Ludwig der Fünfzehnte**	französischer König (1715–1774)
HL S. 6, Z. 23/ R S. 9, Z. 4	**Homer**	griech. Dichter (8. Jh. v. Chr.), wahrscheinlich Schöpfer der Epen *Odyssee* und *Ilias*
HL S. 7, Z. 14/ R S. 9, Z. 34 f.	**Charybdis**	Meerungeheuer, das dreimal täglich das Wasser einsaugt und wieder ausspeit
HL S. 7, Z. 15/ R S. 9, Z. 35	**Skylla**	Ungeheuer mit sechs Köpfen in Homers *Odyssee*. Odysseus muss mit seinen Gefährten zwischen Skylla und Charybdis hindurchsegeln. Als Redensart bedeutet der Ausdruck „die Wahl zwischen Skylla und Charybdis haben"

		soviel wie „sich in einer ausweglosen Situation befinden".
HL S. 7, Z. 18/ R S. 10, Z. 2	**Dryade**	griech. „Eiche", bezeichnet in der Mythologie eine Baumnymphe
HL S. 7, Z. 38/ R S. 10, Z. 25	**Tunika**	im antiken Rom getragenes, ursprünglich ärmelloses Untergewand für Männer und Frauen; auch Bezeichnung für ärmelloses, vorne offenes und durch einen Gürtel befestigtes Übergewand, das über einem festlichen Kleid getragen wurde
HL S. 9, Z 31/ R S. 12, Z. 35	**Gethsemane**	Garten bei Jerusalem, Ort der Gefangennahme Jesu
HL S. 10, Z. 24/ R S. 13, Z. 36	**dekolletierte Cœurdame**	die Herzdame des Kartenspiels mit einem tiefen Kleidausschnitt

1. Akt, 3. Szene

HL S. 12, Z. 29/ R S. 16, Z. 25	**Hemdpasse**	Stoff, der über beide Schultern des Hemdes angebracht wird
HL S. 12, Z. 30/ R S. 16, Z. 26	**Atlas**	arab. „glatt", Seidenstoff mit matter Unter- und glänzender Oberseite
HL S. 14, Z. 36/ R S. 19, Z. 5	**Alexander**	König von Makedonien, geb. 356 v. Chr. in Pella, gest. 323 v. Chr. in Babylon
HL S. 14, Z. 37/ R S. 19, Z. 6	**Aristoteles**	griechischer Philosoph (384–322), Erzieher Alexanders des Großen
HL S. 14, Z. 39/ R S. 19, Z. 8	**Sokrates**	griechischer Philosoph (470–399); der Philosoph, der angeblich in einer Tonne lebt, ist Diogenes (412–323): Der Überlieferung nach erbittet er sich

		von Alexander, als dieser ihm einen Wunsch freistellt, dass der König ihm aus der Sonne gehen möge. Der *Eselsschatten* (HL S. 14, Z. 40/R S. 19, Z. 9) bezieht sich auf eine Äsop'sche Fabel, nach der sich mittags zwei Männer darum streiten, wer den Schatten des Esels, in dem nur für einen Platz ist, nutzen darf.

1. Akt, 4. Szene

HL S. 16, Z. 17/ R S. 20, Z. 36	**promoviert**	in die nächste Klasse versetzt
HL S. 16, Z. 42/ R S. 21, Z. 27	**Eselsbank**	Schulbank, auf der die schwächsten Schüler einer Klasse sitzen

1. Akt, 5. Szene

HL S. 17, Z. 35/ R S. 23, Z. 1	**Dryade**	vgl. Erläuterung zu HL S. 7, Z. 18/ R 10, Z. 2
HL S. 18, Z. 4/ R S. 23, Z. 6	**Waldmeister**	kleine würzige Waldpflanze mit schmalen Blättern und weißen Blüten
HL S. 18, Z. 4/ R S. 23, Z. 6	**Maitrank**	Maibowle

2. Akt, 1. Szene

HL S. 22, Z. 3/ R S. 28, Z. 8	**Polyphem**	einäugiger Riese in Homers *Odyssee*; er wird von Odysseus geblendet, nachdem er zuvor betrunken gemacht worden ist.
HL S. 22, Z. 30/ R S. 29, Z. 6	**Aureole**	lat. „golden, schön", Heiligenschein

HL S. 23, Z. 16/ R S. 29, Z. 28	**Königin ohne Kopf**	Anspielung auf das Ende des Dramas; die optimistische Erwartung von Moritz, wie sie in dem Märchen geäußert wird, erfüllt sich nicht.
HL S. 24, Z. 27/ R S. 31, Z. 13	**Faust**	Drama Johann Wolfgang von Goethes [18]
HL S. 24, Z. 30/ R S. 31, Z. 16	**Walpurgisnacht**	Szene in Goethes *Faust* mit zahlreichen sexuellen Konnotationen; der Sage nach treffen sich in der Nacht zum 01. Mai die Hexen auf dem Blocksberg.
HL S. 25, Z. 24/ R S. 32, Z. 20	**Plötz**	Nachschlagewerk zur Geschichte, erstmals 1855 erschienen

2. Akt, 2. Szene

HL S. 27, Z. 34/ R S. 35, Z. 13	**Wacht am Rhein**	deutsches National- und Kriegslied, 1840 von Max Schneckenburger gedichtet
HL S. 29, Z. 17 f./ R S. 37, Z. 17	**Matrosentaille**	Kleid, das der Matrosenuniform nachgebildet ist

2. Akt, 3. Szene

HL S. 29, Z. 27/ R S. 37, Z. 28	**Desdemona**	Frau Othellos in dem gleichnamigen Drama von Shakespeare[19]
HL S. 29, Z. 27/ R S. 37, Z. 28 f.	**Venus von Palma Vecchio**	Bild des Renaissance-Malers Iacopo Negretti (1480–1528), genannt Palma (il) Vecchio
HL S. 29, Z. 29/ R S. 37, Z. 30	**kontemplativ**	beschaulich, besinnlich

———

18 Vgl. S. 26 f. dieses Bandes.
19 Vgl. S. 83 dieses Bandes.

HL S. 29, Z. 31/ R S. 37, Z. 32	**Schlesinger**	erfundener Name eines Kunsthändlers
HL S. 30, Z. 4/ R S. 38, Z. 13	**Die Sache will 's**	Zitat aus *Othello*[20]
HL S. 30, Z. 4/ R S. 38, Z. 14	**frivol**	„anzüglich", „schlüpfrig", „mit sexueller Andeutung"
HL S. 30, Z. 16/ R S. 38, Z. 27	**Psyche**	griech. „Seele"; in der Kunst kleine, geflügelte Gestalt
HL S. 30, Z. 16 f./ R S. 38, Z. 27	**Thumann**	Paul Thumann, deutscher Maler (1834–1908), seine Hauptmotive sind weibliche Gestalten
HL S. 30, Z. 18/ R S. 38, Z. 29	**Angelique**	wahrscheinlich der Name des ehemaligen Kindermädchens von Hänschen
HL S. 30, Z. 19/ R S. 38, Z. 30	**Io**	in der griech. Mythologie Priesterin der Hera und Geliebte des Zeus
HL S. 30, Z. 19/ R S. 38, Z. 30	**Corregio**	Antonio Allegri (1484–1534), italienischer Maler, Künstlername „Corregio", zeichnet vornehmlich sinnliche Frauenfiguren.
HL S. 30, Z. 19/ R S. 38, Z. 30 f.	**Galathea**	Meernymphe, Geliebte des Polyphem
HL S. 30, Z. 19/ R S. 38, Z. 30 f.	**Lossow**	Heinrich Lossow (1843–1897), deutscher Maler, Genrebilder, mit Vorliebe für Darstellung von Anzüglichem
HL S. 30, Z. 20/ R S. 38, Z. 31	**Amor**	lat. Liebesgott, meist als geflügelter Knabe mit Pfeil und Bogen dargestellt

20 Vgl. S. 83 dieses Bandes.

HL S. 30, Z. 20/ R S. 38, Z. 31	**Bouguereau**	Adolphe William Bouguereau (1825–1905), französischer Maler, Genrebilder
HL S. 30, Z. 20/ R S. 38, Z. 32	**Ada**	Gräfin von Holland (regierte etwa 1203–1223)
HL S. 30, Z. 20/ R S. 38, Z. 32	**von Beers**	Jan van Beers (1852–1927), belgischer Maler, Genre-, Porträt- und Landschaftsdarstellungen
HL S. 30, Z. 23/ R S. 38, Z. 35	**Leda**	Mutter der Helena, Ehefrau des spartanischen Königs Tyndareus
HL S. 30, Z. 23/ R S. 38, Z. 35	**Makart**	Hans Makart (1840–1884), österreichischer Maler
HL S. 30, Z. 25/ R S. 39, Z. 2	**Tartarus**	tiefster Teil der Unterwelt
HL S. 30, Z. 31/ R S. 39, Z. 8	**Blaubart**	steht als Redensart für „Frauenmörder", geht zurück auf ein Märchen des Schriftstellers Charles Perrault (1628–1703), in dem ein Ritter Blaubart die Leichen seiner von ihm getöteten Frauen in einem Zimmer aufbewahrt.
HL S. 30, Z. 36/ R S. 39, Z. 14	**Lurelei**	Lorelei. Bezeichnung für einen Felsen am Rhein. Nach der Ballade „Lore Lay" (1801) von Clemens von Brentano sitzt auf dem Felsen ein schönes Mädchen, das die Schiffer durch ihren Gesang unaufmerksam werden lässt und zum Kentern bringt.
HL S. 30, Z. 36/ R S. 39, Z. 14	**Bodenhausen**	Kuno Freiherr von Bodenhausen (1852–1931), Maler
HL S. 30, Z. 7/ R S. 39, Z. 15	**Linger**	Friedrich Wilhelm Linger (1787–1848), Kupferstecher und Radierer mit Vorliebe für Porträts

HL S. 30, Z. 37/ R S. 39, Z. 15 f.	**Defregger**	Franz von Defregger (1835–1921), Tiroler Maler
HL S. 30, Z. 40/ R S. 39, Z. 18	**Josaphat**	Tal, nach Joel 3, 7 der Ort des Jüngsten Gerichts, hier gebraucht als Metapher für den weiblichen Schoß
HL S. 30, Z. 43/ R S. 39, Z. 22	**Heliogabalus**	oder „Elagabal", römischer Kaiser (218–222), stellt gegen die römische Tradition den Sonnengott Elagabal an die Spitze der Götter
HL S. 30, Z. 43/ R S. 39, Z. 22 f.	**Moritura me salutat**	abgewandeltes Sueton-Zitat: „Die Todgeweihte grüßt mich."
HL S. 31, Z. 13/ R S. 39, Z. 36	**heilige Agnes**	römische Märtyrerin (gest. 258/259 oder 304)

2. Akt, 5. Szene

HL S. 32, Z. 27/ R S. 41, Z. 28	**Quartal**	Vierteljahr
HL S. 32, Z. 39/ R S. 42, Z. 8	**Frevel**	Verstoß gegen sittliche Prinzipien

2. Akt, 6. Szene

HL S. 33, Z. 33/ R S. 43, Z. 18	**Pelücheteppich**	frz. „Wollsamt", langfloriger weicher Teppich
HL S. 34, Z. 29/ R S. 44, Z. 23	**Fräulein Snandulia**	von Moritz erfundener Name für eine Sängerin
HL S. 34, Z. 30/ R S. 44, Z. 24 f.	**Cäcilienfest**	römische Märtyrerin (wahrscheinlich gest. um 230), seit dem 15. Jh. Schutzheilige der Kirchenmusik
HL S. 35, Z. 2/ R S. 44, Z. 32	**Kuriosität**	Neugier

HL S. 35, Z. 16/ R S. 45, Z. 11	**Syenitsockel**	körniges Tiefengestein aus Alkalifeldspat, wird als Bau- und Dekorationsstein verbaut
HL S. 35, Z. 32/ R S. 45, Z. 28	**Etrurien**	antike Landschaft im westlichen Mittelitalien (etwa auf dem Gebiet der heutigen Toskana); Wedekinds Anspielung auf etruskischer Menschenopfer (in Notzeiten werden angeblich die im März und April Geborenen geopfert) ist ein Missverständnis: Die Tradition hat vorgesehen, dass im Frühjahr Geborene das Land nach Vollendung des 21. Lebensjahres zwecks Kolonisation verlassen.
HL S. 35, Z. 40/ R S. 46, Z. 1	**Freibillet**	Freifahrschein
HL S. 36, Z. 11/ R S. 46, Z. 16	**Sakerment**	Eindeutschung des Fluches „Sakrament" („Donnerwetter")
HL S. 36, Z. 17/ R S. 46, Z. 22	**Priapia**	Name einer Männer- bzw. Künstlergesellschaft, spielt auf den Namen des griechischen Fruchtbarkeitsgottes Priapos an.
HL S. 36, Z. 24/ R S. 46, Z. 29	**korinthischen Kapitäl**	Kapitell ist der oberste Teil einer Säule; ein korinthisches Kapitell hat blattförmige Verzierungen als charakteristisches Merkmal.
HL S. 36, Z. 28/ R S. 46, Z. 34	**Diwan**	Sofa
HL S. 36, Z. 30/ R S. 46, Z. 36	**Amnestie**	Begnadigung
HL S. 37, Z. 21/ R S. 48, Z. 2	**Redoute**	frz. „Maskenball" (veraltet); österreichisch auch Bezeichnung für den Saal, in dem eine Tanzveranstaltung stattfindet

HL S. 37, Z. 31/ R S. 48, Z. 14	**Arrangement**	frz. „Gestaltung", „Aufmachung", „Anordnung"
HL S. 37, Z. 32/ R S. 48, Z. 15	**Ariadne**	in der griech. Mythologie Tochter des Königs Minos; gibt Theseus ein Wollknäuel, mit dem er wieder aus dem Labyrinth des Minotaurus herausfindet, später Ehefrau des Dionysos.
HL S. 37, 32/ R S. 48, Z. 15	**Leda**	vgl. HL S. 30, Z. 23/R S. 38, Z. 35
HL S. 37, 32 f./ R S. 48, Z. 15	**Ganymed**	in der griech. Mythologie der schöne Mundschenk des Zeus
HL S. 37, Z. 33/ R S. 48, Z. 16	**Nebuchod-Nosor**	Chaldäerkönig Nebukadnezar II. (605–562), zerstörte 568 Jerusalem; nach einer Weissagung im alttestamentlichen Buch Daniel verliert er sein Königreich und muss sich wie Vieh von Gras ernähren.
HL S. 37, Z. 36/ R S. 48, Z. 19	**Spitzkugeln**	kegelförmige Geschosse
HL S. 38, Z. 7/ R S. 48, Z. 34	**Absinth**	im 19. Jh. beliebter Likör oder Branntwein aus Wermut mit Anis- oder Fenchelzusatz, wegen anderer gesundheitsgefährdender Ingredienzien heute verboten.
HL S. 38, Z. 13/ R S. 49, Z. 4	**Fiaker**	österreichische Bezeichnung für Mietkutsche
HL S. 38, Z. 25/ R S. 49, Z. 19	**Sassaniden**	persische Herrscherdynastie (3.–7. Jh.)
HL S. 38, Z. 26/ R S. 49, Z. 20	**Parallelepipedon**	ein von drei Paaren paralleler Ebenen begrenzter Raum, z. B. Würfel
HL S. 38, Z. 39/ R S. 49, Z. 35	**Glace-Handschuhe**	Handschuhe aus feinem glänzenden Ziegen- oder Lammleder

HL S. 39, Z. 8/ R S. 50, Z. 13	**Königskerze**	Blume mit meist gelben, in großen Trauben stehenden Blüten

3. Akt, 1. Szene

HL S. 40, v. Z. 1/ R S. 51, Z. 3 f.	**Pestalozzi**	Johann Heinrich Pestalozzi (1746–1827), schweizerischer Schriftsteller, Pädagoge; Vertreter fortschrittlicher Erziehungsideen
HL S. 40, v. Z. 1/ R S. 51, Z. 2	**Rousseau**	Jean-Jacques Rousseau (1712–1778), frz. Schriftsteller, Philosoph, Pädagoge; Vertreter fortschrittlicher Erziehungsideen
HL S. 40, Z. 3/ R S. 51, Z. 13	**Relegation**	Schulverweis
HL S. 41, Z. 32/ R S. 53, Z. 9	**suspendiert**	lat. „aufgehoben“, „des Amtes enthoben“
HL S. 42, Z. 9/ R S. 53, Z. 31	**ventiliert**	lat. „gelüftet“
HL S. 44, Z. 9/ R S. 56, Z. 14	**aggluttierenden Volapük**	Agglutinierende Sprachen sind solche Sprachen, die z. B. bei der Konjugation und Deklination die entsprechenden Suffixe an den unveränderten Wortstamm anhängen. „Volapük“ ist eine künstliche Weltsprache, die von Johann Martin Schleyer (1831–1912) entwickelt und 1880 publiziert worden ist.

3. Akt, 2. Szene

HL S. 45, Z. 37/ R S. 58, Z. 18 f.	**Herzklappenaffektion**	Herzklappenfehler, durch den die den Blutkreislauf steuernden Herzklappen ihre Funktionsfähigkeit verringern oder einbüßen

HL S. 46, Z. 37 f./ R S. 59, Z. 29	**Disposition**	lat. „Einteilung", „Gliederung"
HL S. 46, Z. 39/ R S. 59, Z. 30	**Demokrit**	griech. Philosoph (470/60–ca. 380), lehrt, dass das Atom die kleinste unteilbare Einheit ist.
HL S. 46, Z. 43/ R S. 59, Z. 34	**Vergil**	Publius Vergilius Maro, römischer Dichter (70–19)

3. Akt, 3. Szene

HL S. 49, Z. 1 f./ R S. 62, Z. 26	**exzeptionelle Korruption**	lat. „außergewöhnliche Zerrüttung" auch „Bestechlichkeit"

3. Akt, 4. Szene

HL S. 51, Z. 23/ R S. 66, Z. 6	**Rekreation**	lat. „Erholung"
HL S. 51, Z. 30/ R S. 66, Z. 13 f.	**Judas Schnur Thamar**	Thamar, die Schwiegertochter („schnur") Judas, soll nach dem Tod ihres Mannes dessen Bruder Onan heiraten, der sich aber weigert, ein Kind mit ihr zu zeugen. Er lässt den Samen „auf die Erde fallen" (Gen. 38,9), wofür er von Gott mit dem Tode bestraft wird. Thamar verkleidet sich als Hure und zeugt mit Juda ein Kind, nachdem Juda sie nicht – wie es üblich gewesen wäre – seinem dritten Sohn zur Frau gegeben hat (Gen. 38).
HL S. 51, Z. 30/ R S. 66, Z. 14	**Moab**	Stammvater der Moabiter, Sohn aus der inzestuösen Verbindung zwischen Lot und seiner ältesten Tochter (Gen. 19,37)

HL S. 51, Z. 30/ R S. 66, Z. 14	**Loth**	Lot beschützt die beiden Engel, die zu ihm nach Sodom gekommen sind, vor Vergewaltigung durch die Männer der Stadt; auf der Flucht dreht sich Lots Frau um und wird zur Salzsäule; die Töchter Lots zeugen, im Glauben, sie seien die letzten Überlebenden, mit ihrem Vater Nachkommen (Gen. 19).
HL S. 51, Z. 31/ R S. 66, Z. 15	**Königin Basti**	pers. Königin Vasth I, die sich weigert, ihre Schönheit auf Befehl zur Schau zu stellen. Sie wird daraufhin von ihrem Ehemann Xerxes verstoßen, Esther wird an ihrer Stelle Königin (Esther 1+2).
HL S. 51, Z. 31/ R S. 66, Z. 15	**Abisag von Sunem**	Pflegerin Davids, die bei ihm schläft, um ihn zu wärmen, mit der er aber keinen Geschlechtsverkehr hat (1. Kön. 1)
HL S. 51, Z. 32/ R S. 66, Z. 16	**Physiognomie**	Gesichtsausdruck
HL S. 52, Z. 2/ R S. 66, Z. 22	**summa cum laude**	lat. „mit höchstem Lob“
HL S. 52, Z. 15 f./ R S. 66, Z. 36	**kolportiere**	frz. „hausieren“, Nachrichten verbreiten
HL S. 52, Z. 25/ R S. 67, Z. 10 f.	**kataleptischer Anfall**	griech. „Starrsucht“, muskulärer Spannungszustand
HL S. 52, Z. 29/ R S. 67, Z. 15	**Großinquisitor**	Leiter der kirchlichen Behörde, die Ketzer aufzuspüren, zu verurteilen und hinzurichten hat; hier übertragen als „harter Vertreter einer ungerechten Ordnung“

3. Akt, 5. Szene

HL S. 53, Z. 3 f./ R S. 67, Z. 33	**Blaud'sche Pillen**	Tabletten gegen Blutarmut von Paul Blaud (1774–1858)
HL S. 53, Z. 6/ R S. 68, Z. 3	**Lebertran**	vitaminreiches (Vitamine A, D und E) Öl, das aus der Leber von Dorsch oder Schellfisch gewonnen wird; dient als Wundbehandlungsmittel und als Stärkungsmittel
HL S. 53, Z. 6/ R S. 68, Z. 3	**Stahlwein**	Mittel zur Bekämpfung der Blutarmut, hergestellt durch Lösung von Eisenextrakten in Wein
HL S. 53, Z. 14/ R S. 68, Z. 12	**dispensieren**	lat. „befreien", „beurlauben"
HL S. 54, Z. 3/ R S. 68, Z. 24	**Himmelsschlüssel**	Blumenart der Gattung Primel
HL S. 54, Z. 24/ R S. 70, Z. 2	**Bleichsucht**	Blutarmut
HL S. 54, Z. 33/ R S. 70, Z. 6	**Wassersucht**	Ansammlung von wasserähnlichen Flüssigkeiten im Körper

3. Akt, 6. Szene

HL S. 56, Z. 11/ R S. 72, Z. 4	**Ranke**	Zweig eines Rebstocks
HL S. 56, Z. 16/ R S. 72, Z. 10	**Firmament**	lat. „Himmel"
HL S. 56, Z. 29/ R S. 72, Z. 24	**türkische Draperien**	frz. „faltenreiche Vorhänge", wie sie in Bordellen üblich waren
HL S. 56, Z. 30/ R S. 72, Z. 25	**Pathos**	griech. „Leidenschaftlichkeit"
HL S. 56, Z. 34/ R S. 72, Z. 29 f.	**Milchsette**	Milchnapf

3. Akt, 7. Szene

HL S. 60, Z. 22/ R S. 77, Z. 17	**Lazzaroni**	neapolitanische Gelegenheitsarbeiter, als Hilfstruppen gegen die sich vornehmlich aus Adel und Bürgertum rekrutierenden Revolutionäre, die gegen die bourbonische Herrschaft kämpfen
HL S. 61, Z. 21/ R S. 78, Z. 28	**Humbug**	„Unsinn", „Schwindel"
HL S. 61, Z. 21/ R S. 78, Z. 32	**Windbeuteleien**	„Lügen"
HL S. 62, Z. 3 f./ R S. 79, Z. 19	**Abortivmittel**	Mittel zur Austreibung der Leibesfrucht
HL S. 62, Z. 17/ R S. 79, Z. 33	**Scharlatan**	„Aufschneider", „Betrüger"
HL S. 62, Z. 24/ R S. 80, Z. 4	**bramarbasiert**	„prahlen", „angeben"
HL S. 62, Z. 25/ R S. 80, Z. 5	**traktieren**	„behandeln", „bewirten"
HL S. 63, Z. 42 f./ R S. 81, Z. 36	**enervierend**	frz. „entnervend"

3.6 Stil und Sprache

SPRACHLICHES MITTEL	ERKLÄRUNG	TEXTEBELEG
Dramenform	„Kindertragödie“ formal mit Elementen des offenen und geschlossenen Dramas; inhaltlich als Tragikomödie zu bezeichnen[21]	Untertitel des Dramas
Sprache	Verzicht auf poetische Kunstsprache, Verwendung von Alltagssprache	im ganzen Drama
Indirekte Charakterisierung durch Sprachverhalten	Ein bestimmtes Sprachverhalten verweist auf Wesensmerkmale der Figur Die Einstellung der Erwachsenen wird durch die Sprache demaskiert: Die Hilflosigkeit der Frau Bergmann zeigt sich in ihrem zerstückelten Satzbau, unpersönlichen Ausdrucksweisen („man“), infantilen Ausdrücken („Storch“), in Gedankenstrichen und in den Widersprüchen, in die sie sich verwickelt. Die gleiche Technik wird auch bei den Lehrern, dem Pastor und den Eltern Melchiors verwendet. Die Jugendlichen werden in ihrem Sprachverhalten ernst genommen. „Wedekind gibt wohl die Erwachsenen, nicht jedoch die Jugendlichen der Lächerlichkeit preis.“[22]	vgl. HL S. 26/ R. S. 34 vgl. HL S. 44/45/ R. S. 57 vgl. HL S. 18/19/ R S. 24
Parodie/Zitate	Sinngemäße oder wörtliche Übernahme von Stellen aus anderen Texten, Erzeugung von Komik durch parodistische Distanz zwischen Zitat und Kontext.	

21 Vgl. S. 24, S. 92 dieses Bandes.
22 Spittler, S. 45.

SPRACHLICHES MITTEL	ERKLÄRUNG	TEXTEBELEG
	In *Othello*, V, 2 nähert sich der Titelheld seiner schlafenden Frau mit den Worten „Hast du zur Nacht gebetet, Desdemona?", um sie umzubringen. Hänschen vernichtet das Bild der Venus von Palma Vecchio, indem er es das Klo hinunterspült; „Die Sache will's!"; diesen Satz verwendet Othello, um mit dem Verhalten der ehebrüchigen Frau den Mord zu begründen; bei Wedekind ist es eine Anspielung auf das extensive Onanieren, auf das Hänschen mit einem weiteren Zitat anspielt: „Lasst sie mich euch nicht nennen, keusche Sterne!"	HL S. 30/ R. S. 38 HL S. 31/ R. S. 40
Sprechende Namen	Eigennamen, die auf eine charakteristische Eigenschaft des Namensträgers verweisen, Erzeugung von Komik: *Sonnenstich, Affenschmalz, Knüppeldick, Hungertod, Knochenbruch, Zungenschlag, Fliegentod*	vgl. HL S. 40/ R S. 51
Groteske/ Satire	(spöttische) Verfremdung der Realität durch Übertreibung und Verzerrung, z. B. in der Darstellung der Lehrerkonferenz: Kontrastwirkung zwischen konservativem Lehrerverhalten und dem Hinweis auf Bilder, die im Konferenzraum hängen und die die Porträts zweier Reformpädagogen, *Rousseau* und *Pestalozzi*; zeigen; z. B. die satirische Entlarvung von Inkompetenz: medizinisches Unvermögen von Dr. von Brausepulver, der Bleichsucht nicht von einer Schwangerschaft unterscheiden kann; z. B. Moritz mit dem Kopf unterm Arm.	vgl. HL S. 40/ R S. 51 HL S. 53 f./ R. S. 68 f. HL S. 59/ R. S. 75

SPRACHLICHES MITTEL	ERKLÄRUNG	TEXTEBELEG
Wiederholung	Mehrfache Verwendung von Wörtern oder Satzgliedern, Erzeugung von Komik, z. B.: „Habebald!" / „Befehlen Herr Rektor."	HL S. 40 ff. / R S. 53 und öfter
Monolog	Auf sich selbst gerichtete Figurenrede, z. B. der innere Monolog Melchiors („Bewusstseinsstrom") und der Brief Frau Gabors an Moritz als Darlegung der inneren Befindlichkeit	HL S. 51f./ R. S. 66 f. HL S. 32 f./ R. S. 41 ff.
Anspielungen	Mehr oder weniger expliziter Hinweis auf einen anderen Bedeutungszusammenhang, auch als Vorausdeutung, z. B. „*Himmelsschlüssel*": Todesgedanken Wendlas; Märchen von der „Königin ohne Kopf" Vorausdeutung auf das Ende von Moritz	HL S. 54/ R. S. 68 HL S. 23/ R. S. 29 f.
Prosa	Alltagssprache in ungebundener (nicht versifizierter) Rede wie die Diskussion der Gabors über die Einlieferung Melchiors	HL S. 47 ff./ R. S. 61 ff.
Kontrast	Gegensatz, Widerspruch, z. B. in III, 6: Ernst will biedermeierliches Leben als Landpfarrer, Hänschen träumt vom Bordell.	HL S. 56/ R. S. 72

3.7 Interpretationsansätze

ZUSAMMENFASSUNG

Wie kann man den wesentlichen Gehalt von *Frühlings Erwachen* kennzeichnen? Das Stück wird als typisches Werk der Jugendstilepoche gelesen, wobei insbesondere der lebensbejahende Aspekt hervorgehoben wird. Es ergeben sich zwei Interpretationsrichtungen, die pädagogisch-gesellschaftskritisch und psychologisch genannt werden können.

Frühlings Erwachen aus pädagogisch-gesellschaftskritischer Sicht

Wedekind kritisiert die lebensfeindlichen bürgerlichen Moralvorstellungen, wie sie sich in den patriarchalisch-autoritären Strukturen von Familie und Schule offenbaren.[23] Er greift damit ein Thema auf, das in literarischen Werken, die während des Kaiserreichs entstanden, immer wieder gestaltet wird (vgl. z. B. Hermann Hesses *Unterm Rad*, 1906).

Kritik an der einseitigen Leistungsorientierung der bürgerlichen Moralvorstellung

Kernpunkt der Kritik ist die einseitige Leistungsorientierung der bürgerlichen Moralvorstellung, die unkritisch auch von den Bildungsinstitutionen übernommen wird, die von den Kindern ausschließlich Leistung und Gehorsam fordern und andere Bereiche der kindlichen Entwicklung völlig ausblenden. Heinrich Mann hat sich in seinem kurz vor Ausbruch des Ersten Weltkrieges entstandenen Roman *Der Untertan* satirisch mit den Erziehungsidealen des Kaiserreichs auseinandergesetzt und in der Gestalt Diederich Heßlings eine Figur geschaffen, die sich – im Gegensatz zu Moritz Stiefel und Wendla Bergmann – erfolgreich in dem System von Befehl und

---

23 Vgl. z. B. Bertschinger, S. 59, Hahn, S. 18; Rothe, *Frühlings Erwachen*, S. 18.

Gehorsam zu behaupten weiß. Die Gattungsbezeichnung „Kindertragödie“ weist auf diese Gegnerschaft von Individuum und autoritärer Gesellschaftsstruktur, von Kindlich-Natürlichem und bürgerlicher Moral hin.[24] Der proklamierte natürliche Lebenswille ist ein Element des Jugendstil-Programms.[25]

Frühlings Erwachen aus psychologischer Sicht

Wiedergänger-Motiv

Wedekind bedient sich des „Wiedergänger“-Motivs, um innerseelische Vorgänge Melchiors zu verdeutlichen. Dieses Motiv hat eine lange literarische Tradition, die bis zur *Antigone* des Sophokles zurückreicht, in der der Glaube, dass Tote, die nicht den rituellen Regeln entsprechend bestattet worden sind, keine Ruhe finden, vorgeprägt ist. In der Schlussszene werden Moritz und der vermummte Herr als Personifikationen des Todes- bzw. des Lebenstriebs verstanden; Melchior erwägt die Möglichkeit des Selbstmords, sein Lebenswille siegt jedoch.[26]

---

24 Vgl. Jacobsohn, S. 35.
25 Vgl. Rothe, *Frank Wedekinds Dramen*, S. 12.
26 Vgl. Spittler, S. 40 f.

4. REZEPTIONSGESCHICHTE

ZUSAMMENFASSUNG

Das Werk, das Wedekinds Ruhm als Bühnenautor begründete, fand wegen der strengen Zensurbestimmungen anfangs nur schleppend Verbreitung. Nach der verspäteten Uraufführung 1906 stellte sich ein großer Erfolg ein, noch heute wird das Stück regelmäßig auf deutschen Bühnen gespielt, 2006 wurde es erstmals als Musical am Broadway aufgeführt. Die zeitgenössische Kritik lobte vor allem die klare Parteinahme für die Jugendlichen und gegen die bürgerliche Moral, wogegen der fehlende Ansatz zur Problemlösung als Schwäche angesehen wurde. Neuere Interpretationen stellen nicht mehr die pädagogischen, sondern ästhetische Aspekte in den Mittelpunkt.

Rezeption in der Familie

Im Falle von *Frühlings Erwachen* kennt man die Reaktion der Mutter Wedekinds recht genau. Tilly Wedekind (1886–1970), die Witwe des Autors, erzählt in ihren Memoiren, dass die Mutter das Werk des Sohnes als einen regelrechten Schock erlebt hat:

> „Seine Mutter sagte von ‚Frühlings Erwachen', ihr wäre danach zumute gewesen, als sei ein Eisenbahnzug über sie hinweggefahren, und sie konnte sich mit der ‚Schande', dass es aufgeführt wurde, nie so recht abfinden. […] Eigentlich hat Frank, verärgert und angeregt durch Hauptmanns ‚Friedensfest', bald darauf ‚Frühlings Erwachen' geschrieben, worin er nun selbst seine Eltern darstellte und gleichfalls, wie vorher Hauptmann,

tatsächlich stattgefundene Gespräche verwendet hat. Und das eben fand seine Mutter schrecklich.[27]

Verbreitung

Die erste Auflage von *Frühlings Erwachen* wird von Wedekind selbst finanziert; da der Verlag geringe Anstrengungen für die Vermarktung unternimmt, ist auch der finanzieller Erfolg anfangs bescheiden. Erst 1903 kommt es zu einer dritten Auflage, im Jahre 1908 aber ist bereits die 22. Auflage fällig. Der literarische Erfolg des Dramas macht seinen Verfasser über die Grenzen Europas hinaus schnell bekannt; bis 1920 erscheinen Übersetzungen in französischer, englischer, dänischer, japanischer und russischer Sprache.

Rezeption auf der Bühne

Die Aufführungsgeschichte von *Frühlings Erwachen* ist natürlicherweise von den Einflüssen der jeweils vorherrschenden politischen und dramaturgischen Bedingungen geprägt.[28] Bemerkenswert ist, dass man sich erst 1906 an eine Aufführung wagt: 15 Jahre nach

Max Reinhardt

Erscheinen inszeniert Max Reinhardt unter harten Zensurauflagen das Drama in Berlin. Die erste unzensierte Aufführung wird 1924 in Dresden gegeben. Leopold Jessner, einer der Kritiker der Uraufführung, bemängelt die Schwermut, die die Aufführung transportiere. Der groteske Humor werde nicht herausgearbeitet. Dies ist eine Kritik, die auch Wedekind selbst formuliert hat.

Gustav Gründgens

Melancholie tritt in der Gründgens-Inszenierung von 1926 noch vor den Humor, während Karlheinz Martin sich 1929 an der Berliner Volksbühne bereits an einer Aktualisierung des Stoffes versucht: Er verlegt den Spielraum des Dramas in die Wirklichkeit von 1929; dort ist z. B. nicht mehr von einem Heuboden, sondern von einem Spei-

27 Tilly Wedekind, S. 91 und S. 94.
28 Vgl. Wagener, S. 102–137.

cher eines Berliner Mietshauses die Rede. Seine Inszenierung hat Tempo und trifft auf große Publikumsresonanz. 1948 führt Gustav Gründgens in einer Inszenierung Regie, die sich dem Stile des Epischen Theaters anpasst: Ein Schauspieler sagt auf der Bühne die einzelnen Szenen an.

Peter Zadek

Auch Peter Zadeks Inszenierung von 1965 will den Stoff aktualisieren, so ist z. B. der Zuschauerraum während der Aufführung erleuchtet, um auf die Zusammengehörigkeit von „realer" Wirklichkeit und gespielter Wirklichkeit hinzuweisen.

Rezeption: Die Schwächen des Dramas

Paul Goldmann findet das Stück in dramaturgischer Hinsicht „völlig unzureichend", da es aus einer Reihe unzusammenhängender Szenen bestehe, die noch nicht einmal dramatisch gebaut seien, d. h. ein überzeugendes dramatisches Ereignis enthalten. Außerdem sei Wedekinds Darstellung der Kinder „(...) nicht nur abstoßend, sie ist auch unwahr", da die dargestellte sexuelle Perversion auch unter Kindern eine Abnormität sei.[29] Richard Elsner (1883–1960) erkennt Widersprüche: Das Stück enthalte als Lehre, dass aufgeklärte Kinder vor Fehltritten geschützt seien; ein sicher aufgeklärter Hänschen Rilow aber sei wohl kein Vorbild für tugendhaftes Leben.

Kritik: Ansatz zur Problemlösung fehlt

Kurt Herbst kritisiert, dass das Drama keinen Ansatz zur Problemlösung enthalte, wie die sexuelle Aufklärung sich sinnvollerweise vollziehen müsste. Dieser Kritik folgt in neuerer Zeit wieder Thomas Bertschinger (geb. 1934):

> „Wedekind verkürzt alle Probleme auf seine fixe Idee. Wenn er glaubt, dass das Sexualproblem der pubertierenden Jugend allein durch Aufklärung und Anerkennung der Sexualität zu lösen

---

29 Goldmann, S. 117.

> sei, so täuscht er sich. Nur dort, wo sich Kinder in einem gesunden Milieu befinden, wo Liebe, Vertrauen, Bindung ist, wird Aufklärung zu einer Hilfe. (...) Er sieht nicht, dass die Pubertät nicht nur erwachende Sexualität ist, sondern auch erwachendes Ich-Bewusstsein, Reifen der verantwortlichen Person, dass es sich nicht nur um ein Triebproblem handelt, sondern auch wesentlich um ein geistiges. Es geht nicht darum, zu lösen, sondern auch zu binden. Wie dies in der Schule möglich ist, beantwortet Wedekind nicht.“[30]

Kritik: Wedekinds Inkonsequenz

Friedrich Rothe (geb. 1939) bemängelt die Inkonsequenz Wedekinds, der zunächst die lebensfeindlichen Mängel der bürgerlichen Moral darstellt, die Gesellschaft dann aber durch einen vermummten Herrn als „Deus ex Machina“ wieder in Schutz nimmt und damit seinen Angriff grundlos entschärft.[31]

Rezeption: Die Stärken des Dramas

Der berühmte Theater-Kritiker Alfred Kerr (1867–1948) ist begeistert, nachdem er die Inszenierung von Reinhardt gesehen hat:

> „Wundervoll, wie in die Mannesregungen dieser Buben das Geistige verflochten ist; Fragen, die kein Achtziger mit besserer Klugheit stellen kann.“[32]

Siegfried Jacobsohn (1881–1926) akzentuiert als

> „(...) Besonderheit dieser grausamen Tragödie, dass Kinder, ohne Verschulden ihrer Seele, ohne pathetische Leidenschaften,

30 Bertschinger, S. 59.
31 Vgl. Rothe, *Frühlings Erwachen*, S. 40.
32 Kerr, S. 238.

> ohne Herzenskonflikte, einzig durch ihr Da-Sein, ihr Werden, ihre körperliche Entwicklung um Glück und Leben kommen."[33]

Julius Kapp (1883–1962) kritisiert die groteske Lehrerkarikatur und ist der Meinung, dass eine maßvolle Karikatur von Vorteil gewesen wäre. Insgesamt lobt er Inhalt des Dramas und Motive des Verfassers.

„Befreiungskampf der Instinkte gegen die Fesseln von bürgerlicher Moral"

Julius Bab (1880–1955) hält es für die wichtigste Dichtung Wedekinds, ein „Befreiungskampf der Instinkte gegen die Fesseln von bürgerlicher Moral".[34] Die Ähnlichkeiten zwischen Büchners *Woyzeck*-Fragment und Wedekinds *Frühlings Erwachen* hebt Paul Fechter (1880–1958) hervor. Er sieht im unterbewusst Drängenden und in der dumpfen Ziellosigkeit die gemeinsame Themen und bringt den Konflikt zwischen bürgerlichen Moralvorstellungen und erwachender Sexualität in Wedekinds Drama auf den Punkt: „Die Natur rennt sich an toter Sitte den Schädel ein."[35]

Humaner Anspruch der Dichtung

Bernd Diebold (1886–1945) hebt den humanen Anspruch der Dichtung hervor, der gegen inhumane Moral und Pädagogik zu Felde zieht. Für Artur Kutscher (1878–1960) geht es nicht darum, pädagogische Konzepte im Kunstwerk zu diskutieren – das Thema der Pubertät werde im Drama nur für die künstlerische Gestaltung fruchtbar gemacht –, sondern vielmehr dazu aufzurufen, der Natur ihr Recht zuzugestehen, das Bewusstsein für die Liebe zum Leben zu wecken. Der Schriftsteller Lion Feuchtwanger (1884–1958) hebt den Mut Wedekinds hervor, ein Thema anzupacken, das vor ihm niemand zu behandeln gewagt habe. Das Stück schließe mit einer parabelhaften Szene, die die Moral gestalte:

---

33 Jacobsohn, S. 35.
34 Bab, S. 206.
35 Fechter, S. 43.

> „Diese Szene ist die ideale Erfüllung des Lehrstücks. Die uralte, primitive Lehre, dass auch das kümmerlichste Leben besser ist als der Tod, wird verkündet auf völlig neue Art, in den Klängen einer hellen, schneidenden, zynisch großartigen Symphonie. In ihr, mit ihr wird der junge Geschlagene, Unglückliche dem Leben wiedergewonnen und der Tote in sein Grab zurückgescheucht, wo er sich an der Verwesung wärmen mag."[36]

Die stilistischen Unterschiede zu Hauptmann betont Jörg Jesch (1933–1984) und legt den Finger damit auf den ästhetischen Wert des Dramas.[37]

Neuere Interpretationen

Ästhetische Aspekte

In neueren Interpretationen stehen nicht mehr pädagogische, sondern ästhetische Momente im Mittelpunkt: Guthke definiert das Drama als Tragikomödie, während Michelsen auf das Stimmungshafte der Situationen, auf das Angebot der Einfühlung – die Personen werden als natürliche Menschen nahegebracht – aufmerksam macht.

Friedrich Rothe beschäftigt sich mit der Gattung der Kindertragödie, für deren Bestimmung *Frühlings Erwachen* maßgebend sei. In der Kindertragödie lasse sich die Gegnerschaft von Kindlich-Natürlichem und der Lebensfeindlichkeit der gesellschaftlichen Moral aufs Genaueste studieren. In der Kindertragödie findet Rothe das Programm des Jugendstils wieder:

> „Die beiden widerstreitenden Motive der Kindertragödie, die Evokation von naturhaftem Leben und die Verklärung des Unfruchtbaren, vereint lebensphilosophische Dialektik; sie sind

---

36 Feuchtwanger, S. 17.
37 Vgl. Materialienteil, S. 104 f.

> Momente im ästhetischen Programm des Jugendstils, das Lebenserneuerung durch eine neue Kunst verkündet. ‚Leben', der ‚Wille zum Leben', soll als Frühlingserwachen, Jugend oder Erdgeist die Konflikte im Drama, das Leiden einzelner, aufheben und als machtvolle Einheit erkannt werden."[38]

Die Verbindung von Form und Inhalt beschäftigt auch Manfred Hahn (geb. 1938), das Tragische erkennt er in der im Drama parabelhaft vorgezeichneten Niederlage großer Ideale angesichts eines lebensfeindlichen gesellschaftlichen Umfelds und in der Illusion, wie der Mensch sich dennoch im Leben behaupten kann:

Verbindung von Form und Inhalt

> „Das Tragische in ‚Frühlings Erwachen' ist vielschichtiger: das Stück fasst die Tragik bürgerlicher Jugend, den immer erneuten Untergang ursprünglicher Ideale an die Wirklichkeit, aber auch, als Groteske geformt, die Tragik bürgerlicher Existenz schlechthin, als Leben nach menschenfeindlichen Normen; den Untergrund des Dramas aber bildet, wie heute erkennbar, die tragische, aber lebensnotwendige Illusion Wedekinds, wie dieses Leben zu überstehen sei.
>
> Von Wedekinds Lebensauffassung aus ist der Zugang zu diesem Schriftsteller und zu diesem Werk mit seinen immer wiederkehrenden Themen, Motiven, Szenen und Figuren zu gewinnen. Wedekind war keine fraglos vitale Kraftnatur, er war ein Kämpfer aus genauer Überlegung, aus Einsicht in die Verhältnisse. War das Leben Kampf, so wollte er mit vollen Einsatz kämpfen, nur so war Menschenwürde zu behaupten."[39]

---

38 Rothe, *Frank Wedekinds Dramen*, S. 12.
39 Hahn, S. 18.

In neueren Inszenierungen wird die Frage nach der Aktualität des Problemgehalts laut; so bezweifelt Martin Krumbholz in seiner Besprechung der Wiesbadener Aufführung 1998, dass das Stück mit seiner Kritik an bürgerlicher Prüderie in der heutigen Informationsgesellschaft noch überzeugen kann.[40]

---

40 Vgl. Materialienteil, S. 105.

5. MATERIALIEN

1) Die Aufhebung des Aufführungsverbotes von *Frühlings Erwachen* wird vom Preußischen Oberverwaltungsgericht in Berlin im Jahre 1912 folgendermaßen begründet:

„Der Inhalt des Stücks lässt sich dahin zusammenfassen: es wird dargestellt, wie auf junge, in dem Alter der beginnenden Geschlechtsreife stehende naive Personen die realen Mächte des Daseins einwirken; vornehmlich ihr eigener, erwachender Geschlechtssinn und die Anforderungen des Lebens, insbesondere der Schule. Sie erliegen in dem sich entwickelnden Kampfe vor allem deshalb, weil ihre berufenen Leiter, die Eltern und Lehrer, nach Auffassung des Dichters in weltfremdem Unverstand und aus Prüderie es unterlassen, sie zu belehren und ihnen verständnisvoll helfend die Wege zu weisen. (...) So aufgefasst, lässt sich dem Stück im ganzen nach seiner Tendenz und seinem Inhalt der Charakter eines ernsten Stückes nicht absprechen; es behandelt ernste, vielfach im Vordergrunde des Interesses stehende Erziehungsprobleme und sucht zu diesen Stellung zu nehmen. Es ist nicht erkennbar, dass da, wo sittenwidrige Handlungen dargestellt werden, dies geschieht, um sie als etwas Erlaubtes oder Nachahmenswertes hinzustellen, oder gar um die Lüsternheit der Zuschauer anzuregen oder zu befriedigen. Das Theaterpublikum wird sich dem rein menschlichen Mitgefühl für das tragische Geschick der Hauptpersonen und dem Interesse für den Gang der Handlung und die darin behandelten Probleme nicht entziehen können. Jedenfalls ist nicht abzusehen, inwiefern die Zuhörer daraus eine Anregung zu eigenem sitten- oder polizeiwidrigem Verhalten empfangen sollten."
(In Wedekind: *Werke in drei Bänden*, Bd. 3, S. 339 f.)

2) Hans-Ulrich Wehler betrachtet die autoritäre Familienstruktur im 19. Jahrhundert im Kontext einer Gesellschaft mit autoritären Leitbildern.

„Im Hinblick auf die primäre Sozialisation in der Kleinfamilie wird öfters die Auffassung vertreten, es gebe eine gleichsam lineare Beziehung zwischen autoritärer Familie und autoritärer Politik. Ob ‚eine paternalistische Familienverfassung zum Aufbau autoritärer Verhaltensbilder führt, die ihrerseits autoritäre politische Verfassung begründen', ist aber noch eine offene Frage. Der Vergleich stützt diese Ansicht jedenfalls kaum: Der Spätpuritaner in Massachusetts, der viktorianische Engländer, der republikanische Franzose wurde von der wilhelminischen Vaterfigur schwerlich an Härte übertroffen. Eine autoritäre Familienstruktur scheint sich mit sehr unterschiedlichen ‚politischen Kulturen' vereinbaren zu lassen. Allein kann sie autoritäre Politik auf gesamtgesellschaftlicher Ebene kaum ‚begründen'. Ist sie jedoch in eine Gesellschaft mit generellen autoritären Leitbildern und Verhaltensweisen eingebettet, dürfte sie als eine Art Multiplikator wirken; dann gibt es tatsächlich eine Linie von einem anthropomorphen Gottvater über den fürstlichen Landesvater und paternalistischen Unternehmer bis zum Familienvater. Ein ‚Verstärker' für vorhandene historische Tendenzen, so wird man die Folgen dieser Familienordnung im kaiserlichen Deutschland am plausibelsten bestimmen können, ohne sie monokausal für zuviel haftbar zu machen."
(Wehler, S. 123 f.)

3) Ein markantes Bild der Schule im 19. Jahrhundert zeichnet Stefan Zweig in seiner Autobiografie *Die Welt von gestern*, das sich – obgleich im Hinblick auf die Wiener Gesellschaft geschrieben – auch auf Deutschland bzw. die Schweiz übertragen lässt.

„Die Schule im vorigen Jahrhundert

(...) Dieser Weg bis zur Universität war nun ziemlich lang und keineswegs rosig. Fünf Jahre Volksschule und acht Jahre Gymnasium mussten auf hölzerner Bank durchgesessen werden, täglich fünf bis sechs Stunden, und in der freien Zeit die Schulaufgaben bewältigt und überdies noch, was die ‚allgemeine Bildung' forderte neben der Schule, Französisch, Englisch, Italienisch, die ‚lebendigen' Sprachen neben den klassischen Griechisch und Latein, also fünf Sprachen zu Geometrie und Physik und den übrigen Schulgegenständen. Es war mehr als zuviel und ließ für körperliche Entwicklung, für Sport und Spaziergänge fast keinen Raum und vor allem nicht für Frohsinn und Vergnügen. Dunkel erinnere ich mich, dass wir als Siebenjährige irgendein Lied von der ‚fröhlichen, seligen Kinderzeit' auswendig lernen und im Chor singen mussten. Ich habe die Melodie dieses einfach einfältigen Liedchens noch im Ohr, aber sein Text ist mir schon damals schwer über die Lippen gegangen und noch weniger als Überzeugung ins Herz gedrungen. Denn meine ganze Schulzeit war, wenn ich ehrlich sein soll, nichts als ein ständiger gelangweilter Überdruss, von Jahr zu Jahr gesteigert durch die Ungeduld, dieser Tretmühle zu entkommen. (...)

Gerade aber diese menschliche Lieblosigkeit, diese nüchterne Unpersönlichkeit und das Kasernenhafte des Umgangs war es, was uns unbewusst erbitterte. Wir hatten unser Pensum zu lernen und wurden geprüft, was wir gelernt hatten; kein Lehrer fragte ein einziges Mal in acht Jahren, was wir persönlich zu lernen begehrten, und just jener fördernde Anschwung, nach dem jeder junge Mensch sich doch heimlich sehnt, blieb vollkommen aus. (...)"
(*Die Welt von gestern*, S. 45–47)

4) Im Kapitel *Eros Matutinus* seiner Autobiografie *Die Welt von gestern* beschreibt Stefan Zweig den repressiven Umgang der bürgerlichen Gesellschaft des 19. Jahrhunderts mit der jugendlichen Sexualität.

„Unser Jahrhundert dagegen, als eine tolerante, längst nicht mehr teufelsgläubige und kaum mehr gottgläubige Epoche brachte nicht mehr den Mut auf zu einem solchen radikalen Anathema, aber es empfand die Sexualität als ein anarchisches und darum störendes Element, das sich nicht in ihre Ethik eingliedern ließ und das man nicht am lichten Tage schalten lassen dürfe, weil jede Form einer freien, einer außerehelichen Liebe dem bürgerlichen ‚Anstand' widersprach. In diesem Zwiespalt erfand nun jene Zeit ein sonderbares Kompromiss. Sie beschränkte ihre Moral darauf, dem jungen Menschen zwar nicht zu verbieten, seine vita sexualis auszuüben, aber sie forderte, dass er diese peinliche Angelegenheit in irgendeiner unauffälligen Weise erledigte. War die Sexualität schon nicht aus der Welt zu schaffen, so sollte sie wenigstens innerhalb ihrer Welt der Sitte nicht sichtbar sein. Es wurde also die stillschweigende Vereinbarung getroffen, den ganzen ärgerlichen Komplex weder in der Schule, noch in der Familie, noch in der Öffentlichkeit zu erörtern und alles zu unterdrücken, was an sein Vorhandensein erinnern könnte. (...)"
(*Die Welt von gestern*, S. 87 f.)

5) Das Thema „Sexualität", das *in Frühlings Erwachen* zum Ausdruck der Kritik an der herrschenden, als menschenfeindlich erachteten bürgerlichen Moral steht, lässt sich in zahlreichen anderen Werken Wedekinds auffinden. Zwei Beispiele von vielen sind die in der Sammlung *Die vier Jahreszeiten* im Jahre 1905 erschienenen Gedichte *Francisca* und *An Elka*:

Francisca (1905)

Francisca, mein reizender Falter,
Hätt'st du nicht zu eng für dein Alter
Den keimenden Busen geschnürt,
Dann klafften wohl nicht die Gewänder,
Sobald ich nur eben die Bänder
Mit harmlosem Finger berührt.

Nun wehr auch nicht meinem Entzücken,
Als Erster die Küsse zu pflücken
Der zarten, jungfräulichen Haut.
Mich blendet die schneeige Weiße,
Solang ich das Fleisch nicht, das heiße,
Mit bebenden Lippen betaut.

Denn gleich wie die Knospe der Blume
Nichts ahnt von der Pracht und dem Ruhme
Der Rose am üppigen Strauch,
So seh ich bescheiden erst schwellen
Die keuschen, die kindlichen Wellen,
Umweht von berauschendem Hauch.

Oh! glaub mir, die Monde entfliehen,
Die Rosen verwelken, verblühen
Und fallen dem Winter zum Raub.
Es kommen und gehen die Jahre,
Man legt deinen Leib auf die Bahre
Und alles wird Moder und Staub.
(*Werke II*, S. 407)

An Elka (1905)

Elka, länger kann ich mich nicht halten,
Meine Sinne toben allzu wild;
Und in allen weiblichen Gestalten
Seh ich schon dein Götterbild!

Auch im Traum bist du mir schon erschienen,
Dich entkleidend; oh wie ward mir da!
Schwindlig ward mir hinter den Gardinen,
Als ich deinen Busen sah.

Meine beiden Knie wurden brüchig,
Von der Stirne triefte mir das Fett.
Als das Hemd du abgetan, da schlich ich
Wonneschauernd an dein Bett.

Mach, dass dieser Traum sich bald erfülle;
Mach, erhabne Königin,
Dass bei dir ich vor Behagen brülle,
Nicht vor Wut, weil ich dir ferne bin.
(*Werke II*, S. 439)

6) Melchiors Egoismus-Theorie findet sich in einem Brief des jungen Wedekind, den er 1881 in einem Brief an Adolph Vögtlin geschrieben hat.

„(...) Der Mensch kommt mit mancherlei Gaben auf die Welt. Schon bei kleinen Kindern bemerkt man, dass das Eine gerne, das Andere ungern gibt, dass das Eine barmherzig, das andere gefühllos ist. Niemand macht den Kindern daraus einen Vorwurf oder ein

Verdienst. Man sucht ihnen höchstens dies abzugewöhnen, jenes beizubringen. In vielen Fällen bleibt aber auch die Erfüllung dieser Pflicht aus und die Anlagen entwickeln sich ungestört. Bis jetzt sind die Kinder noch unverantwortlich. Bald treten sie aber als Glieder der Menschengesellschaft ins Leben hinaus und da heißt es gleich: Der ist gut, Jener schlecht; Der freigebig, Jener geizig. Die Schlechten und Geizigen werden zu Egoisten qualifiziert und der Hass und Fluch der Welt lastet auf ihnen. Fragen wir nun, welche glücklicher sind, die Gehassten oder die Geliebten? Ich denke doch, die letzteren genießen ein schöneres Dasein. – Unwürdige Menschheit, wo bleibt Dein Verstand? Einen Blindgeborenen bemitleidest Du seines körperlichen Gebrechens wegen und den Geizhals verdammst Du wegen eines geistigen! Ist das Deine Barmherzigkeit, Deine Nächstenliebe? – Jene Unglücklichen scheltet Ihr Egoisten! – Seid Ihr besser als sie, Ihr Heiligen unter den Menschen? – Lasst Euch den Schafspelz ausklopfen, und überall kommen die gleichen, egoistischen Wölfe heraus!! Nun wage mir noch einer, einen Stein zu werfen auf seinen armen Bruder, der unvollkommener als er auf die Welt gekommen ist, ich will ihm heimzünden.

Alter, vergib mir meine schulmeisterliche Begeisterung, aber sie spricht für meine Überzeugung. Wenn Du fragst, wie ich auf diese Egoismustheorie gekommen sei, so lautet meine Antwort: Durch den Ausdruck ‚Opferfreudigkeit'. Ich weiß zwar, dass ich dadurch, dass ich den Auswurf der Menschheit in Schutz nehme, Deine idealen Vorstellungen von Mensch und Gott verletze, aber ich kann nicht anders."
(*Gesammelte Briefe*, Nr. 7)

7) Die Theaterzeitschrift *Theater heute* berichtet über die Bremer Inszenierung Peter Zadeks (1926–2009) aus dem Jahre 1965.

„Peter Zadeks Inszenierung nimmt die Herausforderung der leer geräumten, hell beleuchteten Bühne an. Wedekinds Text, ein dreiviertel Jahrhundert alt, bewährt sich glorios. Die Prüderien, Konventionalitäten, grotesken Verkalkungen der Erwachsenen erscheinen, wie sie schon Wedekind erschienen: beschränkt und in der Beschränkung lächerlich. Obwohl Zadek auch den Eltern, Lehrern, den ‚Erziehern' realistische Grundierung gibt. Die Paukerkonferenz steigert sich im Verlauf der Szene erst ins Groteske, der Höhepunkt der komischen Wirkung ist erreicht, wenn am Schluss (eine Hinzufügung Zadeks) die Lehrer Melchior Gabors Verweisung von der Anstalt unterschreiben und ihre Namen akzentuieren: Sonnenstich, Zungenschlag, Affenschmalz. Jeder von ihnen hat seinen eigenen Sprach- und Bewegungstick. Aus winzigen Chargen sind scharfgeschnittene Menschenzerrbilder geworden. (...)

Die poetische Größe des Stückes, auch das lehrt diese Aufführung, kulminiert in der Schlussszene. Sie öffnet den Blick aus dem pubertären Dunstkreis. Die Objektivation, die Wedekind in jeder Szene mühelos erreicht, findet hier ihre formale Krönung, indem das bloß Wahrscheinliche überstiegen wird. Dieser Vorgang lässt sich auf Minksens heller Bühne wunderbar darstellen. Kein Friedhofsschummer, keine Grabsteine, keine faulen Bühnentricks, um Moritz Stiefel mit dem Kopf unter dem Arm erscheinen zu lassen. Nur eine Luke im Bühnenboden, da erscheint Moritzens Hand und stellt einen Kopf, einer Friseurschaufensterattrappe ähnlich, auf die Bretter. Dann erscheint der ganze Moritz, nimmt den Pappkopf unter den Arm, spaziert über die Bühne, sitzt schließlich, bei den Schlussworten, hart an der Rampe, auf dem Kopf. Die schöne Freiheit der Szene tritt in Erscheinung. Der vermummte Herr tritt im tadellosen Frack mit Umhang auf, er trägt keine Larve, birgt nur anfangs das Gesicht ein wenig hinter dem weißen Seidenschal. Zadek hat hier im Text kräftig gestrichen, Munkeleien fallen weg. Der

Herr im Frack (Kurt Hübner) ist eindeutig: das weltoffene Leben. Melchior Gabor geht mit ihm. Wenn er vorher mehrmals die Hand des toten Moritz ausschlug, so lässt Zadek die beiden dabei noch einmal knäbische Finten vollführen. Aus selbstvergessener Alberei ist jetzt bewußte Erinnerung geworden: heiteres Darüberstehen." (Wendt, S. 109)

8) Julius Bab (1880–1955) beleuchtet die Rolle der Frau Gabor und ihr Verhältnis zu dem ganzen Stück.

„(...) Wedekinds ewiges Thema ist ja der Befreiungskampf der Instinkte, der Ansturm der sinnlichen Gewalten gegen alle Fesseln der Zivilisation und Moral. Der Mensch, der sich finanziell und vor allen sexuell ‚durchsetzt', oder dem dies zufolge ideologischer Hemmungen misslingt, das ist sein Thema. (...)

Freilich, schon dieses schöne und starke Frühwerk zeigt jenen grimmig polemischen Zug, der dann das Wedekind'sche Werk mit fanatischen Pedanterien bedrohte: So dichterisch rein, so zart und lebendig die leidende und kämpfende Jugend dargestellt ist, so wenig sind ihre Bedränger und Bedrücker als irgendwie sinnvolle, in aller ihrer Beschränktheit durch die Notwendigkeit des Daseins gerechtfertigte Wesen gezeichnet – all diese Eltern und Erzieher erscheinen nur in grandiosen Karikaturen als vollkommen blöde oder gemeine Subjekte. So zerfallen die Szenen, die das Stück mit dem ganzen wilden, lyrisch gewaltsamen Wechseltakt des ‚Sturm und Drang' vorübertreibt, in zwei stilistisch sehr verschiedene Gruppen, eine lyrisch pathetische, die uns stärkste Lebensillusion erwecken soll und erweckt, und eine groteske, höhnisch bloßgestellte, die der Dichter vielleicht auch noch für Nachbildungen von Lebewesen hielt, die für uns aber lediglich den Wert genialer Karikaturistik haben können. Zwischen diese, von hingebender Liebe gestalteten,

und vom wilden Hass verzerrten Geschöpfe ist vermittelnd nur eine einzige Gestalt gesetzt, das ist Frau Gabor. Sie – und allenfalls noch ihr Mann, der ohne all zu karikaturistische Übertreibungen eine normal konventionelle, intelligent tüchtige Bureaukratennatur zeigt, sind unter den Gegenspielern der Jugend in diesem Stück die einzigen Menschen. Frau Gabor aber ist die einzige Figur der älteren Generation, die auch mit Liebe, mit einem wirklich dichterischen Anteil behandelt ist, und deshalb ist diese kleine Rolle für das Ganze des Stücks, für sein Gleichgewicht, seine Harmonie von größter Wichtigkeit."
(Bab, S. 206–208)

9) Jörg Jesch (1933–1984) untersucht die sprachliche Gestaltung von Wedekinds Dramen.

„(...) Wedekinds Prosa wollte nicht ‚wirklichkeitsnah' sein. Er lässt sich nicht auf die realistische Syntax der Vulgärsprache ein, sondern erstrebt eine neue, gesteigerte, stilisierte Wirklichkeit, die für ihn zur ‚Selbstverständlichkeit' wird. Seine Figuren reden Schriftdeutsch, und zwar ‚ein sehr spezifisches Wedekind-Schriftdeutsch'.[41] Oft trägt seine Prosa aber auch alle Anzeichen trivialer Klischeesprache oder epigonalen Schwulstes. Ausgesprochene Fehler tauchen allerdings gehäuft erst später mit anderen Unsicherheiten auf, als Prosa und Vers gemischt werden, oder als das Metrum wie eine Zwangsjacke über die Prosa gestülpt wird.

Das für seine Zeitgenossen so erregend Neuartige und Außerordentliche des Wedekind'schen Stils liegt nicht in den ‚statischen' Elementen der Sprache, wie Bildgehalt und Metaphorik, es ist viel-

41 G. Zivier, *Unser schwieriges Verhältnis zu Frank Wedekind*, in: Frankfurter Allgemeine Zeitung v. 7. 5. 1958.

mehr die neue Dynamik, die rhythmische Kraft und Bewegung, mit der die oft schablonenhafte Sprache gegliedert, gerafft und geballt wird. (...)"
(Jesch, S. 111)

10) In seiner Besprechung der Wiesbadener Aufführung 1998 (Regie von Daniel Karasek) bezweifelt Martin Krumbholz, dass das Stück heute noch aktuell ist.

„Außerhalb des Sperrbezirks
Wedekind *„Frühlings Erwachen"*

‚Hast du schon einmal zwei Hunde über die Straße laufen sehen?', fragt der ahnungsvolle Melchior den ahnungslosen Moritz, und der antwortet bündig: ‚Nein.' Damit ist dieser Aufklärungsversuch schon mal gescheitert. Weitere folgen, einer kläglicher als der andere, und am Ende steht folgerichtig die pure Katastrophe in Gestalt zweier toter Kinder – der Schock musste sein um eines dramatischen Lernerfolgs willen, der die herrschende Sexualpädagogik vor der Jahrhundertwende zunächst beschämt und dann vielleicht ein wenig emanzipiert hat.

Nicht an einem Mangel, sondern eher an einem Übermaß an Aufklärung und Information laboriert heutzutage die westliche Zivilisation; rührend und vergeblich muten die Bemühungen im Programmheft an, den Aktualitätsnachweis für die Kindertragödie von 1890 zu erbringen. Nein, die Geschichte hat inzwischen gearbeitet, nichts ist weniger aktuell als ‚Frühlings Erwachen', und weniges ist schöner, bezaubernder in seiner poetischen Ausstrahlung als dieses dramatische Debüt des Frank Wedekind. Das sind die nicht geringen Widersprüche, mit denen die nach wie vor zahlreichen Aufführungen des Stücks heute zurechtkommen müssen."
(*Theater heute*, 7/98, S. 63)

11) Eine Leser-Rezension des Dramas in der *Online*-Buchhandlung *Amazon* bricht eine Lanze für die ungebrochene Aktualität des Dramas.

„(...) Wedekind prangert in seiner Tragödie den konventionellen Moralbegriff seiner Zeit an, die Verleugnung eigener Gefühle und die Borniertheit von Sitte und Moral. Das Werk entstand 1891 und zeigt somit schon sehr früh die Veränderungswürdigkeit im Denken der Menschen. Das Stück ist leider noch heute sehr aktuell und daher gerade für Schulaufführungen sehr zu empfehlen."
(http://www.amazon.de, Stand: Jan. 2013)

12) In der Premierenankündigung für das Akademietheater Wien im April 2001 (Regie von Christina Paulhofer) liest man den Wunsch heraus, die wahre Intention Wedekinds, nämlich den humorvollen Ruf ins Leben, zu inszenieren.

„*Frühlings Erwachen*
von Frank Wedekind
Eine Kindertragödie

‚Das Leben ist von einer ungeahnten Grausamkeit ....'
Wedekinds erstes Stück: um Gymnasiasten in Pubertätsnöten und eine Gesellschaft, die auf die Probleme der Jugendlichen keine adäquate Antwort findet. Es geht um Egoismus und Liebe, Atheismus, die Differenz der Geschlechter, Ursprung und Zweck der Moral. Verdrängte und verpönte Tatsachen wie Sadismus und Masochismus, Onanie, Homosexualität und Abtreibung bei einer Minderjährigen werden hier erstmals offen Gegenstand der Literatur bzw. der Bühne. Zwischen der tabubrechenden Skandalträchtigkeit des Stückes sowie seiner gelegentlich durchaus moralinen Inan-

spruchnahme für sexuelle Aufklärung gegen eine verbiederte Gesellschaft und Wedekinds eigenen Absichten klafft ? bis heute ? eine nur selten geschlossene Lücke: Noch zwanzig Jahre nach dem Schreiben des Stückes fragte sich Wedekind, ‚ob ich es noch erleben werde, dass man das Buch endlich für das nimmt, als was ich es geschrieben habe: für ein sonniges Abbild des Lebens, in dem ich jeder einzelnen Szene an unbekümmertem Humor alles abzugewinnen suchte, was irgendwie daraus zu schöpfen war.' Der Autor wendet sich hier gegen ein Missverständnis in der Rezeption: Zwar war Wedekinds Thema das Thema aller bürgerlichen Trauerspiele seit der Gretchen-Tragödie im ‚Faust', seine Art der Darstellung aber war ungleich zeitgemäßer und moderner, voll von groteskem Humor. Zwar stirbt Wendla an den Folgen einer Abtreibung, zwar erschießt sich der von Pubertätsnöten geplagte Moritz Stiefel, aber sein Versuch, den vor Lebenslust strotzenden Melchior Gabor mit ins Grab zu ziehen, scheitert. Er folgt statt ins Grab dem ‚vermummten Herrn': dem Leben."
(http://www.burgtheater.at/premieren/premieren.htm,
Stand: 2001)

6. PRÜFUNGSAUFGABEN MIT MUSTERLÖSUNGEN

Unter www.königserläuterungen.de/download finden Sie im Internet zwei weitere Aufgaben mit Musterlösungen.

Die Zahl der Sternchen bezeichnet das Anforderungsniveau der jeweiligen Aufgabe.

Aufgabe 1 *

Thema: Erziehungswesen, Sexualität

a) Ordnen Sie die Szene II, 7 in den Kontext des Dramas ein.

b) Charakterisieren Sie ausgehend von dieser Szene die Figur des Moritz.

c) Welche gesellschaftliche Kritik verbindet sich mit der Figur des Moritz?

Mögliche Lösung in knapper Fassung:

a) Kontext:

In Szene II, 7 bereitet sich Moritz auf seinen Suizid vor, der Zuschauer sieht ihn letztmalig lebendig – in der Schlussszene taucht er als „Wiedergänger" auf. Die Szene bedeutet somit das Resultat des in den vorherigen Szenen angelegten Konfliktes, und zwar in erster Linie im Hinblick auf die von Moritz nicht erfüllten schulischen Leistungsanforderungen.

In der vorangehenden Szene II, 6 formuliert Wendla den Wunsch, sich einem Menschen vollständig anvertrauen zu können: „Ach Gott, wenn jemand käme, dem ich um den Hals fallen und erzählen könnte" (HL S. 34, Z. 1 f./R S. 43, Z. 18–20). Atmosphärisch wird damit die Einsamkeit vorbereitet, die Moritz in II, 7 ebenfalls erlebt und die er zu Beginn der Szene thematisiert: Er ist der Ansicht, in kein gesellschaftliches System zu passen. Sein Lebensüberdruss zeigt sich auch dadurch, dass er sich keinem religiös begründeten Selbstmordverbot unterworfen sieht und weder an ein vorherbestimmtes Schicksal noch an eine konkrete Lebensaufgabe glaubt. Er fühlt sich von allem im Stich gelassen: „Das Leben hat mir die kalte Schulter gezeigt" (HL S. 35, Z. 36/R S. 45, Z. 32 f.). Aus dieser Erfahrung des Ausgeschlossenseins heraus glaubt er, den Suizid rechtfertigen zu können; gleichzeitig stellt er sich die Verhaltensweisen des Rektors, des Pastors und seines Freundes Melchior bei seinem Begräbnis vor. Die Selbsttötung ist für ihn ein Akt eines freien Individuums, das sich über die gesellschaftlichen Regeln erhebt.

Die zufällige Begegnung mit dem Aktmodell und Freudenmädchen Ilse nutzt Moritz nicht, um den von ihm beklagten Mangel an sexueller Erfahrung auszugleichen, obgleich ihr diesbezügliches Angebot recht eindeutig ist. Moritz bereut seine Ablehnung unmittelbar nach ihrem Abschied und bereitet sich auf den Selbstmord vor.

In der nachfolgenden Szene III, 1 ist der Tod von Moritz bereits ein Faktum: Auf einer Konferenz beantragt der Rektor den Schulausschluss Melchiors, da er einen schlechten Einfluss auf seine Mitschüler habe und zumindest mittelbar verantwortlich für den Tod von Moritz sei. Zur Begründung wird ein Brief Melchiors an Moritz herangezogen, in dem er sich freimütig zu sexuellen Fragen äußert. Moritz gibt die Verfasserschaft zu, möchte aber wissen, worin das Unschickliche seines Briefes bestehe, da er nur allgemein Bekanntes geschildert habe. Schließlich wird die entsprechende Disziplinarmaßnahme gegen Melchior beschlossen.

b) Charakterisierung von Moritz:

Moritz tritt in I, 2, 4; II, 1, 7 sowie in III,7 auf, er personifiziert exemplarisch die Adoleszenzproblematik und scheitert bei der Suche nach seiner Identität. Seine defizitären schulischen Leistungen sind für ihn vor allem wegen der zu erwartenden Enttäuschung seiner Eltern problematisch: „Wenn ich durchfalle, rührt meinen Vater der Schlag, und Mama kommt ins Irrenhaus" (HL S. 22, Z. 25 ff./ R S. 28, 31–29, 2). Als „Ausweg" gilt für ihn zunächst noch die Flucht auf ein Handelsschiff (vgl. HL S. 7, Z. 7/R S. 9, Z. 25 f.), später sieht er nur noch die Flucht in den Selbstmord als Möglichkeit.

Die aufkeimenden sexuellen Regungen werden von ihm als sündhaft empfunden (vgl. z. B. HL S. 10, Z. 25 ff./R S. 14, Z. 2 f.), sie sind zudem mit tiefen Schuldgefühlen gegenüber seinen Eltern belastet (vgl. HL S. 10, Z. 13 f./R S. 13, Z. 24 f.). Diese Schuldgefühle sind der Grund, weshalb Moritz Melchior um eine schriftliche Aufklärung über die menschliche Sexualität bittet (vgl. HL S. 11, Z. 10 f./ R S. 14, Z. 32 f.). Mit der Figur der Ilse lässt Moritz die Gelegenheit einer ersten Erfahrung ungenutzt vorübergehen (vgl. II, 7), bereits dadurch wird deutlich, dass sein Ablösungsprozess und seine Identitätssuche scheitern werden, weil er nicht die Bereitschaft besitzt, sich der neuen Entwicklung zu öffnen. Der Selbstmord ist die logische Folge der Weigerung.

Moritz lässt sich als mutlos-labiler, von Minderwertigkeitsgefühlen bestimmter und ängstlicher Jugendlicher charakterisieren. Später bereut er den Selbstmord und gibt in einer recht scharfen selbstkritischen Analyse seiner eigenen Moralvorstellung die Schuld dafür: „Meine Moral hat mich in den Tod gejagt. Um meiner lieben Eltern willen griff ich zum Mordgewehr" (HL S. 63, Z. 9–11/ R S. 80, Z. 35–S. 81, Z. 1). Er durchläuft somit einen Lernprozess und kann als didaktisches Exempel für Lebensbejahung betrachtet werden.

c) Gesellschaftliche Kritik:

Die gescheiterte Identitätssuche von Moritz lässt sich den gesellschaftlichen Moralvorstellungen und einer repressiven Sexualethik anlasten. Im Gegenbild des Melchior wird aber auch die individuelle Verantwortung deutlich: Es fehlt Moritz das Vertrauen in die eigene Stärke, die ihm das erfolgreiche Durchschreiten dieser Entwicklungsphase ermöglicht. In der Figur des Moritz treffen sich daher gesellschaftliche, aber auch individuelle Kritikpunkte.

Aufgabe 2 *

Thema: Inhalt, Sexualität

a) Erarbeiten Sie die Beziehung zwischen Wendla und Melchior.

b) Stellen Sie dabei auch kurz den Inhalt des Dramas und seine Intention dar.

Mögliche Lösung in knapper Fassung:

a) Beziehung zwischen Wendla und Melchior:

Mit Melchior Gabor und Wendla Bergmann treffen ganz verschiedene Charaktere aufeinander: Während Melchior ein aufgeweckter, sensibler, kritischer und leistungsstarker Schüler ist, der aus einem liberalen Elternhaus kommt, ist Wendla schüchtern und autoritätsorientiert, ihre bürgerlich-konservative Erziehung durch die Mutter ist sexualfeindlich ausgerichtet. Beide treffen sich zweimal im Drama: In Szene I, 5 begegnen sie sich im Wald und führen ein Gespräch über karitatives Handeln und seine Begründung. Melchior hält ihr Egoismus vor, weil es ihr Freude mache, mildtätig zu sein: „Es gibt keine Selbstlosigkeit" (HL S. 19, Z. 31 f./R S. 25, Z. 10 f.). Das Thema der Hilfsbereitschaft aus Freude wird zusammen mit Marthas Geschichte aufgegriffen. Wendla wolle gerne an ihrer Stelle eine Woche verbringen. Im Hintergrund spielt aber auch Wendlas masochistischer Wunsch mit, zu erfahren, wie es ist, gezüchtigt zu werden (vgl. HL S. 21, Z. 27 ff./R S. 26, Z. 3–8). Nach anfänglichem Zögern erfüllt Melchior ihr diesen Wunsch, er schlägt sie zunächst mit einem Stock, später mit den Fäusten. Danach läuft schluchzend in den Wald.

Wendla und Melchior treffen danach nochmals in Szene II, 4 aufeinander: Wendla findet Melchior auf dem Heuboden. Es kommt zum Austausch von Zärtlichkeiten und zum von Melchior erzwungenen Geschlechtsverkehr. Wendla wehrt sich dagegen, weil sie befürchtet, dass das Küssen ein Ausdruck von Liebe sein könnte, da ist ein Hinweis auf die erfolglose sexuelle Aufklärung durch ihre Mutter. Melchiors Theorie vom allgegenwärtigen Egoismus, die er schon in der ersten Begegnung in I, 5 zur Erklärung karitativen Handelns entwickelt hat, soll sie beruhigen (vgl. HL S. 32, Z. 3–5/R S. 41, Z. 1–3).

Die Folgen des Aufeinandertreffens sind für beide fatal, allerdings mit unterschiedlicher existenzieller Dimension: Während Wendla schwanger wird und als Folge eines Abtreibungsversuches stirbt, wird Melchior aus der Schule ausgeschlossen und in ein Erziehungsheim gebracht. Melchior problematisiert sein eigenes Verhalten in Bezug auf Wendla und sieht es äußerst selbstkritisch: In einem an sie gerichteten Brief übernimmt er die Verantwortung für die Folgen der Vergewaltigung, gleichzeitig plant er die Flucht nach England. Der Brief ist für seine Eltern der letzte Anlass, ihn in ein Erziehungsheim zu geben. Nachdem Melchior vom Tod Wendlas erfahren hat, ergeht er sich in Selbstvorwürfen und beabsichtigt im Glauben, er sei ihr Mörder, sich das Leben zu nehmen (vgl. HL S. 58, Z. 8–10/R S. 74, Z. 16–18). Der vermummte Herr, der seinen eigenen Lebenswillen personifiziert, klärt ihn über die wahre Todesursache Wendlas auf und überzeugt ihn, sich wieder dem Leben anzuvertrauen.

Somit steht Melchior für eine erfolgreiche Bewältigung der Adoleszenzproblematik: Der Lebenswille siegt über alle Anfechtungen. Wendla dagegen wird auch in ihrem Tod noch zu einem Opfer ihrer Mutter; sie erhält keine Chance auf eine eigenständige Auseinandersetzung mit den Problemen der Adoleszenz.

b) Inhalt des Dramas und seine Intention:

Das Drama gestaltet an verschiedenen Figuren misslingende und gelingende Bewältigung der Adoleszenzphase mit ihren typischen Problemen „Auseinandersetzung mit gesellschaftlichen Normen" und „Sexualität". Ausschlaggebend für die Bewältigung dieser Phase ist die Unterstützung, die die Jugendlichen von ihrem Elternhaus und der Schule erhalten. Das Drama macht an den Beispielen von Frau Bergmann und den Eltern von Moritz klar, dass eine Erziehung zu Ich-Stärke anders auszusehen hat als so, wie sie von den betreffenden Eltern inszeniert worden ist. Die Lehrerschaft versagt vollständig und die satirische Beschreibung einer Lehrerkonferenz in III, 1 offenbart deren Unzulänglichkeit vollends. Sowohl Moritz als auch Melchior erfahren einen Lernprozess, an dessen Ende deutlich wird, dass das Vertrauen in einen positiven Ausgang der Identitätsfindung der Schlüssel für die Bewältigung der Problematik ist. Wendla scheitert daran, ohne den Grund für ihr Scheitern kennengelernt zu haben; Moritz erweist sich als lernfähig, ohne dass er aber ins Leben zurückkehren darf; allein Melchior hat als noch Lebender die Chance, die Erfahrungen lebensbejahend zu nutzen.

Aufgabe 3 ***

Thema: Poetologie, Erziehungswesen, Sexualität
Karl Guthke beschreibt die Auswirkungen der Welt der Erwachsenen in *Frühlings Erwachen*: „Solche *komischen* Personen also bilden eine Welt, die der Jugend zum *tragischen* Verhängnis werden muss.“[42] Weisen Sie die These Guthkes nach und nehmen Sie Stellung dazu.

Mögliche Lösung in knapper Fassung:

Frühlings Erwachen lässt sich poetologisch als Tragikomödie bezeichnen, auch wenn die paratextuelle Gattungsbezeichnung „Kindertragödie“ lautet. Vom Scheitern Melchiors und Wendlas her betrachtet ist die Tragik des dramatischen Geschehens natürlich unabweisbar, auch wenn im Unterschied zur klassischen Tragödie keineswegs die Konfrontation mit einem unausweichlichen Schicksal die Ursache dafür ist, besser würde man vielleicht von einer schicksalshaften Notlage sprechen, der vor allem Moritz und Wendla nicht gewachsen sind.

Das Hauptaugenmerk der Handlung liegt auf den Jugendlichen: In acht Szenen treten ausschließlich Jugendliche auf (vgl. I, 2, 3, 5; II, 3, 4, 6, 7; III, 6), zwei Szenen sind ausschließlich Erwachsenen vorbehalten (vgl. II, 5; III, 3). In neun Szenen spielen Jugendliche und Erwachsene gemeinsam (vgl. I, 1, 4; II, 1, 2; III, 1, 2, 4, 5, 7). Die Erwachsenen sind jeweils Angehörige unterschiedlicher gesellschaftlicher Erziehungsinstitutionen: Familie, Schule, Korrektionsanstalt, Kirche. Die Jugendlichen sind – bis auf die Prostituierte Ilse – Schülerinnen und Schüler. Der vermummte Herr lässt sich

---

42 Guthke, S. 330.

zunächst keiner der aufgeführten Institutionen zuordnen; als Personifikation der Lebensbejahung vertritt er ein ethisches Prinzip.

Die Zeichnung der Erwachsenenwelt ist zum Teil karikierend: Während bei der Darstellung der Eltern Melchiors und des vermummten Herrn auf Ironie verzichtet wird, erscheint Frau Bergmann mit ihrer naiv-körperfeindlichen Haltung bereits komisch-ironisch, vollends die Darstellung der Pädagogen reicht bis ins Groteske hinein.

Ein besonderes Mittel für die satirische Überspitzung der Figuren sind die sprechenden Namen, die metonymisch auf charakteristische Eigenschaften ihrer Träger verweisen: Die Gymnasialprofessoren heißen „Sonnenstich", „Hungergurt", „Knochenbruch", „Affenschmalz", „Knüppeldick", „Zungenschlag" und „Fliegentod"; der Pastor hört auf den Namen „Kahlbauch", der Leiter der Korrektionsanstalt ist Dr. Prokrustes, der Arzt heißt Dr. von Brausepulver. Die Komik dieser Namen steht in einem direkten Widerspruch zu den von ihnen verlangten inhumanen Verhaltensnormen.

Der Ausdruck „tragisches Verhängnis", den Guthke verwendet, ist wohl revisions- bzw. erklärungsbedürftig: „Tragisch" ist das Geschehen nicht im poetologischen Sinne, weil den scheiternden Figuren im Unterschied zu denen der klassischen Tragödie nach Maßgabe menschlicher Möglichkeiten Handlungsalternativen verbleiben; „tragisch" ist das Geschehen allerdings wegen des individuellen Scheiterns. Ein „Verhängnis" im Sinne eines „Schicksals" trifft die Figuren Wendla und Moritz bestenfalls im umgangssprachlichen Sinne; entwicklungspsychologisch betrachtet sind sie eher Opfer ihrer Erziehung, die keinen Wert auf die Ausbildung von kindlicher Ich-Stärke gelegt hat. Sie scheitern im Rahmen ihrer Identitätsfindung an den typischen Adoleszenzproblemen.

„Komisch" sind die Figuren, die die Erziehungsinstitutionen repräsentieren, nur dann, wenn man sie als satirisch gemeinte Anspielung eines impliziten Autors für einen impliziten Leser verstehen will; für die Figuren der Schülerinnen und Schüler des Dramas entbehren sie jeglicher Komik. Im Gegenteil sind für sie gerade diese Figuren diejenigen, die den Wunsch nach sexueller Aufklärung blockieren, die übertriebene Leistungsanforderungen stellen und die nicht bereit sind, die Individualität ihrer Schülerinnen und Schüler zu akzeptieren.

Aufgabe 4 ***

Thema: Aktualität

In seiner Besprechung der Wiesbadener Aufführung 1998 bezweifelt Martin Krumbholz, dass das Stück heute noch aktuell ist.[43] Die Rezension eines Lesers/einer Leserin bei *Amazon.de* bricht dagegen eine Lanze für die ungebrochene Aktualität.[44]

Ist die Thematik heute noch aktuell?

Mögliche Lösung in knapper Fassung:

Gründe für die These, dass das Drama heute nicht mehr aktuell ist, sind beispielsweise:

- → offener Umgang mit Sexualität in der Gesellschaft durch Printmedien, Film und Fernsehen; Homosexualität als gesellschaftliche akzeptierte Form (vgl. z. B. „eingetragene Lebenspartnerschaft");
- → es gibt kirchliche und staatliche Einrichtung zur Schwangerschaftskonfliktberatung; außerdem wurde der § 218 revidiert,

---

43 Vgl. Materialienteil, S. 105.
44 Vgl. Materialienteil, S. 106.

der Schwangerschaftsabbrüche unter bestimmten Bedingungen medizinisch oder sozial rechtfertigt;
- → Änderung des politischen Systems: kein autoritärer Staat, sondern Demokratie, d. h., die Kritik an bürgerlichen Moralvorstellungen wie Gehorsam ist nicht mehr aktuell;
- → leistungsschwache Schüler finden in und außerhalb der Schule unterstützende Lernangebote (z. B. durch professionelle Nachhilfeorganisationen);
- → Auseinandersetzung mit der Adoleszenzproblematik wird durch entsprechende Angebote psychologisch („Sorgentelefon", psychologische Beratungsstellen) und medial (Adoleszenzliteratur, Jugendzeitschriften wie „Bravo" oder „Girl") unterstützt.

Gründe für die These, dass das Drama heute nach wie vor aktuell ist, sind beispielsweise:

- → typische Adoleszenzproblematik ist nach wie vor aktuell, Adoleszenzphase als psychische Folge der Pubertät mit den Konfliktthemen wie „Auseinandersetzung mit gesellschaftlichen Normen" und „Sexualität";
- → es gibt auch heute noch repressive Elternhäuser, in denen die Erziehung nach fundamentalistischen religiösen Maßstäben erfolgt; die Auswirkungen auf die Kinder könnten ähnlich den im Drama beschriebenen sein;
- → suizidale Neigungen und Suizide treten trotz der zahlreichen Hilfsangebote besonders häufig während der Adoleszenzphase auf;
- → die Gesellschaft erwartet von Schülerinnen und Schülern eine hohe Leistungsbereitschaft und Leistungsfähigkeit (Stichwort: Verkürzung der Gymnasialzeit auf 8 Jahre), die auf nationaler wie auf internationaler Ebene (Stichwort: PISA-Erhebungen)

ständigen Vergleichen unterzogen werden, Ziel ist der Beleg der internationalen Konkurrenzfähigkeit des deutschen Schulsystems. Die gestiegenen schulischen Leistungsanforderungen setzen viele Schüler unter Druck, da der erreichte Bildungsabschluss über ihre beruflichen Chancen mitentscheidet.

LITERATUR

Zitierte Ausgaben:

Wedekind, Frank: *Frühlings Erwachen. Eine Kindertragödie.* Husum/Nordsee: Hamburger Lesehefte Verlag 2011 (= Hamburger Leseheft Nr. 173, Heftbearbeitung: Elke und Uwe Lehmann). Zitatverweise sind mit **HL** gekennzeichnet.

Wedekind, Frank: *Frühlings Erwachen. Eine Kindertragödie.* Stuttgart: Reclam, durchgesehene Ausgabe 2000 (= Reclams Universal-Bibliothek Nr. 7951). Zitatverweise sind mit **R** gekennzeichnet.

Weitere Quellentexte:

Wedekind, Frank: *Werke in drei Bänden.* Hrsg. von Manfred Hahn. Berlin/Weimar 1969. → Zitiert als *Werke.*

Wedekind, Frank: *Gesammelte Werke.* Hrsg. von Artur Kutscher und Richard Friedenthal. 9 Bde. München 1912–1921. → Zitiert als *GW.*

Wedekind, Frank: *Gesammelte Briefe*. Hrsg. von Fritz Stich. 2 Bde. München 1924.

Zweig, Stefan: *Die Welt von gestern. Erinnerungen eines Europäers*. Fischer: Frankfurt 1970.

Wedekind, Tilly: *Lulu. Die Rolle meines Lebens*. München 1969.

Sekundärliteratur

Arnold, Heinz Ludwig (Hrsg.): *Frank Wedekind*. München 1998 (edition text + kritik, Heft 131 und 132).

Bekes, Peter: *Stundenblätter „Frühlings Erwachen". Ein Unterrichtsmodell für die 10. Klasse.* 5. Auflage. Stuttgart, Düsseldorf, Leipzig 1999.

Bertschinger, Thomas: *Das Bild der Schule in der deutschen Literatur zwischen 1890 und 1914*. Zürich 1969.

Diebold, Bernd: *Anarchie im modernen Drama. Kritik und Darstellung der modernen Dramatik*. 3. erweiterte Aufl. Frankfurt a. M. 1925.

Elsner, Richard: *Frank Wedekinds Frühlingserwachen*. Berlin 1908.

Fechter, Paul: *Frank Wedekind. Der Mensch und das Werk*. Jena 1920.

Feuchtwanger, Lion: *Frank Wedekind*. In: Neue Deutsche Literatur 12 (1964), H. 7.

Goldmann, Paul: *Frühlings Erwachen. Von Frank Wedekind*. In: ders. *Vom Rückgang der deutschen Bühne. Polemische Aufsätze über Berliner Theater-Aufführungen*. Frankfurt a. M. 1908.

Guthke, Karl: *Geschichte und Poetik der deutschen Tragikomödie*. Göttingen 1961.

Herbst, Kurt: *Gedanken über Frank Wedekinds „Frühlings Erwachen", „Erdgeist" und „Die Büchse der Pandora". Eine literarische Plauderei von Kurt Herbst*. Leipzig 1919.

Jacobsohn, Siegfried: *Max Reinhardt*. Berlin 1910.

Jesch, Jörg: *Stilhaltungen im Drama Frank Wedekinds*. Diss. Marburg 1959.

Kapp, Julius: *Frank Wedekind. Seine Eigenart und seine Werke*. Berlin 1909.

Kerr, Alfred: *Frühlings Erwachen*. In: *Die Welt im Drama*. Hrsg. von Gerhard F. Hering. Köln/Berlin 1964.

Krumbholz, Martin: *Außerhalb des Sperrbezirks. Wedekind „Frühlings Erwachen"*. In: *Theater heute 7/98*.

Kutscher, Artur: *Frank Wedekind. Sein Leben und seine Werke*. 3 Bde. München 1922–31.

Michelsen, Peter: *Der verkappte Bürger.* In: Ders.: *Zeit und Bindung. Studien zur deutschen Literatur der Moderne.* Göttingen 1976.

Rothe, Friedrich: *Frank Wedekinds Dramen. Jugendstil und Lebensphilosophie.* Stuttgart 1968.

Rothe, Friedrich: *Frühlings Erwachen. Zum Verhältnis von sexueller und sozialer Emanzipation bei Frank Wedekind.* In: *studi germanici.* n. s. 7/1969 (H.1).

Seehaus, Günter: *Wedekind.* 7. Auflage Hamburg 1974.

Spittler, Horst: *Frank Wedekind. „Frühlings Erwachen".* München 1999 (Oldenbourg Interpretationen, Bd. 94).

Wagener, Hans: *Erläuterungen und Dokumente: Frank Wedekind. „Frühlings Erwachen".* Stuttgart 1980 (Erläuterungen und Dokumente, Bd. 8151).

Wehler, Hans-Ulrich: *Die Matrix der autoritären Gesellschaft: Sozialisationsprozesse und ihre Kontrolle.* In: *Das Deutsche Kaiserreich1871–1918.* Göttingen 1975.

Wendt, Ernst und Henning Rischbieter: *Der ästhetische Realismus. Peter Zadek und Wilfried Minks inszenieren „Frühlings Erwachen" von Wedekind.* In: *Deutsches Theater heute. Stücke, Regisseure, Schauspieler, Theaterbau 1960–67.* Eine Auswahl aus der Zeitschrift „Theater heute". Velbert 1967 (Sammlung Theater heute. Nr. 1).

STICHWORTVERZEICHNIS